Maureen Stewart

Leichte Beute

Maureen Stewart, 1939 geboren, lebt in Australien. Sie war über zwanzig Jahre Lehrerin und hat in dieser Zeit viele Bücher über das Leben und die Welt ihrer Schüler geschrieben. Das besondere Interesse der Autorin gilt den Problemen und Gefährdungen, denen Jugendliche in der modernen Gesellschaft ausgesetzt sind. Indem sie darüber schreibt, versucht sie Denkanstoß und Hilfestellung zu geben.

Von Maureen Stewart sind in den Ravensburger Taschenbüchern erschienen:

RTB 52191
Leichte Beute

RTB 58022
Speed

RTB 58023
Alki? Ich doch nicht!

RTB 58086
Essen? Nein, danke!

Maureen Stewart

Leichte Beute

Aus dem Englischen
von Christine Gallus

Mit Fotos von Bernhard Hagemann

Ravensburger Buchverlag

Deutsche Erstausgabe
als Ravensburger Taschenbuch
Band 52191 erschienen 2001

Die Originalausgabe erschien 1997 unter dem
Titel „Easy Meat“
als ein Mark Mcleod Book bei
Random House Australia
An imprint of Random House Australia Pty Ltd,
20 Alfred Street, Milsons Point NSW 2061

Umschlaggestaltung: Constanze Spengler

Zu diesem Buch gibt es Materialien
zur Unterrichtspraxis.

Printed in Germany

7 6 09

ISBN-13: 978-3-473-52191-3

www.ravensburger.de

Für die Schüler,
die sich mit mir über dieses Thema
unterhalten haben ...

Danke. M. S.

Melissa zog langsam die Bluse an. Sie setzte sich auf die Bettkante. Die obersten Knöpfe der Bluse waren noch offen. Erst als die Stimme ihrer Mutter zu ihr nach oben drang, knöpfte sie die Bluse weiter zu.

„Mel! Beeil dich oder wir kommen beide zu spät!"

Melissa wollte zu spät kommen. Dann würde sie Laser wenigstens nicht schon vor dem Unterricht über den Weg laufen. Wenn sie sich doch nur besser gegen ihn wehren könnte, so wie Suoo. Doch das würde sie nie schaffen, das wusste sie genau. Warum trampelte er nicht auf jemand anderem herum, warum …

„Mel! Wo bleibst du denn?"

Melissa griff nach ihrer Schultasche und lief die Treppe hinunter.

„Nimm lieber einen Schirm mit", meinte ihre Mutter und reichte ihr einen aus dem Flurschrank. „Es fängt bestimmt gleich an zu regnen."

Melissa war das eigentlich

ziemlich egal. Sie nahm den Schirm und folgte ihrer Mutter in die Garage.

„Also wirklich, Mel, in letzter Zeit brauchst du eine Ewigkeit, bis du fertig bist. Man könnte fast meinen, du wolltest nicht in die Schule.“

„Will ich ja auch nicht“, antwortete Mel.

„Warum das denn? Deine Noten sind doch gut. Sehr gut sogar. Besser als meine je waren. Du wirst später bestimmt nicht in einem Feinkostladen arbeiten müssen so wie ich! Hab ich dir schon erzählt, dass mein Chef uns in Uniformen stecken will? Ausgerechnet in gelbe Uniformen! Kannst du dir das vorstellen? Ich mit meinen roten Haaren? Ich werde aussehen wie eine Vogelscheuche. Gelb hat mir noch nie gestanden …“

Melissa hörte ihrer Mutter nur noch mit halbem Ohr zu. Sie würde Melissa nicht fragen, warum sie nicht in die Schule wollte. War wahrscheinlich auch besser so. Das mit der Schule hätte sie erst gar nicht sagen sollen. Mum oder Dad konnten sowieso nichts gegen Laser tun. Oder gegen die anderen, die ihr das Leben zur Hölle machten. Vielleicht sollte sie es so machen wie sie: ihnen Gemeinheiten an den Kopf werfen, Saft über die Bücher kippen, Gummispinnen in den Pausenbroten verstecken, oder

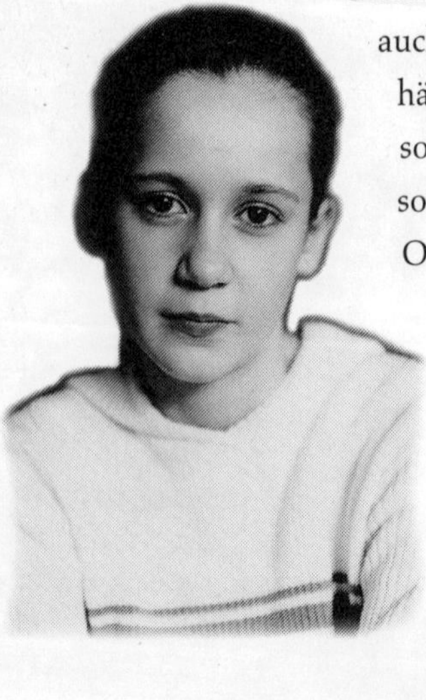

nein, noch besser richtige Spinnen. Laser hatte ihr neulich einen toten Käfer ins Pausenbrot gesteckt. Sie hatte sogar noch gesehen, wie er in der Nähe ihrer Schultasche herumgelungert war. Eigentlich hätte sie wissen müssen, dass er wieder etwas Fieses im Schilde führte.

Angefangen hatte alles vor ein paar Wochen. Laser tyrannisierte immer jemanden, das wusste jeder. Bei Suoo und Igor hatte er es schnell wieder aufgegeben. Dann war Martin an der Reihe gewesen und jetzt sie. Sie hasste Laser. Sie hasste alles an ihm, angefangen von seinem schmalen, spitzen Gesicht bis hin zu seinen riesigen Plattfüßen. Sie hatte seine schrecklichen Füße einmal im Schwimmbad gesehen und den Anblick nie wieder vergessen. Unförmige, rote, lächerliche Plattfüße.

Was würde er ihr heute antun? Was würde er sagen? Warum fiel ihr einfach nichts Gemeines ein, was sie über seine Füße sagen konnte? Vielleicht würde sie Suoo fragen. Suoo war schlagfertig. Doch Melissa wusste, dass sie niemanden fragen würde.

„Heute Nachmittag musst du mit dem Bus nach Hause fahren", sagte ihre Mutter, als sie vor der Schule anhielt. „Ich muss länger arbeiten."

Na toll. Der Bus. Das hatte Melissa gerade noch gefehlt. Im Bus mit Laser. Zettel, die von Sitzplatz zu Sitzplatz weitergereicht wurden. Mit Gemeinheiten über sie.

Den Schirm hatte Melissa im Auto liegen lassen. Es regnete. Sie blieb einen Moment lang im strömenden Regen stehen und ging dann langsam durch das Schultor. Sie war völlig durchnässt. Hoffentlich würde sie sich ordentlich erkälten und musste mindestens eine Woche im Bett bleiben.

Einen schlechteren Zeitpunkt hätte sich Melissa nicht aussuchen können. Laser lungerte an den Schließfächern herum. Er stand mit dem Rücken zu ihr und hatte Martin im Visier.

„He, du Wichser, soll ich dir mal sagen, warum deine Mutter flach wie 'n Tischtuch ist?"

Das Gleiche hatte Laser zu Suoo auch schon mal gesagt. Martins Ohren wurden dunkelrot. Sie konnte sich ungefähr vorstellen, wie sein Gesicht aussah. Melissa versuchte möglichst schnell und leise ihre Bücher aus dem Fach zu holen, aber sie war nicht leise genug. Laser drehte sich zu ihr um.

„Ach, wen haben wir denn da? Wenn das mal nicht unsere kleine Schneekettenkönigin ist!"

Melissa schossen die Tränen in die Augen. Ihr Mund wurde trocken und ihre Zahnspange fühlte sich plötzlich viel zu eng an. Wie immer wusste sie nicht, was sie antworten sollte. Sie senkte den Blick, um niemanden ansehen zu müssen. Den Blick in Martins hochrotes Gesicht wollte sie ihnen beiden ersparen. Lasers Anblick würde sie jetzt nicht ertragen. Wahrscheinlich würde sie sich übergeben müssen und darüber würde er sich erst recht freuen, das wusste sie ganz genau.

„He, Schneekette, willst du wissen, warum die Mutter von diesem Warmduscher flach wie 'n Tischtuch ist?"

Melissa versuchte sich daran zu erinnern, welche schlagfertige Antwort Suoo damals gegeben hatte, aber ihr Hirn war genauso ausgetrocknet wie ihr Mund.

„Na, was ist, Prinzessin? Hat's dir die Sprache verschlagen? Oder hat sich etwa deine Zunge in deinen Schneeketten verheddert?"

„Laser!" Melissa fuhr herum und ließ vor lauter Schreck die Bücher fallen.

„Schneekette!", zischte Laser. „Schneekette!"

Mr Pearce warf Laser einen eindringlichen Blick zu. „Was hast du da gerade gesagt?"

„Nichts. Hab mich nur geräuspert." Laser grinste.

„Martin, was ist hier los? Was hat es gegeben, Melissa?"

„Nichts, Mr Pearce", antwortete Martin. Melissa schwieg. Was sollte sie auch sagen? Wenn sie Laser verpetzte, war sie erst recht dran.

„Macht, dass ihr in den Unterricht kommt! Ihr seid schon spät dran", sagte Mr Pearce. „Und heute Nachmittag um drei kommt ihr zu mir ins Büro."

Das hatte Melissa gerade noch gefehlt. Sie hastete zum Klassenzimmer.

Den ganzen Morgen konnte sie sich kaum auf den Unterricht konzentrieren. Was sollte sie Mr Pearce sagen? Er war ihr Lieblingslehrer und sie wusste, dass er Laser schon länger beobachtete, aber bis jetzt hatte er ihm noch nie was nachweisen können. Niemand verpfiff Laser, nicht einmal Suoo. Sie zahlte es Laser lieber auf ihre eigene Weise heim.

Miss Sardi erzählte etwas über den Goldrausch, doch Melissa war in Gedanken weit weg. Sie dachte daran, was Suoo schon alles zu Laser gesagt hatte.

„Hey, weißt du eigentlich, dass du wie 'n verbranntes Toastbrot aussiehst!", hatte er eines Tages lautstark verkündet. „Und deine Haare wie Vollkornnudeln!"

Suoo hatte gelacht. „Das trifft sich ja gut. Ich liebe nämlich verbranntes Toastbrot! Und Vollkornnudeln!"

„Neger, Neger, schwarz wie Schornsteinfeger!", hatte Laser gejohlt.

„Einen intelligenteren Spruch kannst du dir wohl

nicht merken, was, du Schwachkopf? Du langweilst mich echt."

Die umstehenden Schüler hatten gelacht, und zwar über Laser. So sehr er auch versuchte, Suoo zu provozieren, sie hatte immer eine Antwort parat. Melissa hatte sie später einmal gefragt, ob ihr die Sachen, die Laser zu ihr sagte, denn nichts ausmachten. Suoo hatte nur den Kopf geschüttelt und gemeint, sie sei schon mit ganz anderen Schwachköpfen fertig geworden. Außerdem seien die Sprüche, die er von sich gebe, so was von dumm, dass man darüber doch nur lachen könnte. Melissa bewunderte Suoo. Sie hatte sie von Anfang an bewundert. Suoo war vor zwei Jahren mit ihrer Familie von Somalia nach Sydney gezogen. Melissa bewunderte ihre glatte schokoladenbraune Haut, ihr strahlendes Lächeln und ihre schneeweißen Zähne, aber vor allem gefiel ihr, wie Suoo mit Laser fertig wurde. Laser hatte einmal zu Suoo gesagt, sie solle in ihr Land zurückzukehren. Daraufhin hatte Suoo gekontert, sie wisse wenigstens, aus welchem Land sie komme. Lasers Vorfahren hingegen seien vermutlich als Strafgefangene nach Australien gekommen, denn die einzigen wirklichen Australier wären schließlich die Aborigines. Das war für Lasers Spatzenhirn zu viel gewesen. Er ließ Suoo schließlich in Ruhe.

Die Pausenklingel riss Melissa aus ihren Gedanken.

Martin wartete schon vor Mr Pearces Büro. Von Laser fehlte jede Spur.

„Hi, Mel", begrüßte sie Martin. Sie mochte Martin. Er

hatte wunderschöne große blaue Augen. Und dass er ständig rot wurde, gefiel ihr auch. Dann sahen seine Augen noch blauer aus.

„Was sollen wir denn sagen?", flüsterte Melissa, obwohl sie Martins Antwort schon kannte.

„Nichts. Wozu auch? Dann haben wir ihn erst recht auf dem Hals, das wissen wir doch." Natürlich wusste sie das.

Mr Pearce kam mit raschen Schritten den Flur entlang und sie gingen in sein Büro. Er ließ sich auf seinen Drehstuhl fallen und bedeutete ihnen, sich zu setzen. Das war einer der Gründe, warum Melissa Mr Pearce so nett fand. Andere Lehrer hatten zwar auch Stühle in ihren Büros, doch sie ließen die Schüler immer stehen. Mr Pearce tat das nie. Manchmal bot er ihnen sogar Orangensaft an. Heute allerdings nicht.

„Also, ihr beiden. Was war heute Morgen bei den Schließfächern los?"

„Nichts, Mr Pearce", sagte Martin. Melissa nickte zustimmend.

„Na, kommt schon. Du hattest Tränen in den Augen, Melissa. Ich weiß genau, dass heute Morgen etwas vorgefallen ist, und ich möchte, dass das aufhört. Wollt ihr mir nicht dabei helfen?" Martin zuckte die Achseln.

„Ach, es war nur Laser. Sie wissen ja, wie er ist. Er sagt

manchmal solche Sachen", hörte sich Melissa sagen. Sie spürte Martins Blick von der Seite.

„Was für Sachen?", hakte Mr Pearce nach.

„Ach, alles Mögliche. Nichts wirklich Wichtiges", antwortete Melissa.

„Wenn es ‚nichts Wichtiges' war, wie du sagst, warum hast du dann geweint?" Mr Pearce lächelte.

„Wissen Sie, ich weine manchmal wegen nichts. Ich hab sogar geweint, als meine Katze Junge bekommen hat", log Melissa. Sie hatte noch nie im Leben eine Katze gehabt.

Mr Pearce schwieg einen Moment lang. Er musterte die Schüler aufmerksam. Melissa wusste genau, dass Martin jetzt rot wurde, doch sie sah nicht zu ihm hinüber. Sie konnte förmlich die Hitze spüren, die von ihm ausging. Sie fragte sich, wie blau seine Augen jetzt wohl aussahen.

„Na schön. Wie ich sehe, wollt ihr mir nicht helfen", sagte Mr Pearce schließlich. „Das ist sehr schade. Wir wissen, dass hier an der Schule gemobbt wird und wir kennen auch ein paar Schüler, die das tun. Sie suchen sich ihre Opfer immer sehr sorgfältig aus. Es sind leider immer Schüler, die uns Lehrern nichts verraten. Aber wie können wir dann etwas dagegen unternehmen?"

Melissa ahnte schon, was jetzt kam. Eine Standpauke. Und so war es auch.

„Wenn wir wüssten, wie Laser und andere euch verletzen, dann könnten wir etwas dagegen tun. Ihr braucht mich gar nicht so anzusehen, das könnten wir wirklich. Wir dulden an unserer Schule kein Mobbing. Erinnert ihr euch noch an das Infoblatt, das wir am Schuljahresanfang verteilt haben? Darin stand, dass wir alle Teil einer Gesellschaft sind und wie wichtig es ist, Respekt voreinander und Selbstachtung zu haben. Das ist für euer ganzes Leben wichtig. Versteht ihr, ihr dürft nicht zulassen, dass andere Menschen euch wehtun."

„Aber das tun sie doch nicht, Mr Pearce. Nicht wirklich", log Martin.

„Nicht wirklich? Ihr braucht Strategien, Martin. Weißt du, was damit gemeint ist? Das wurde auch auf dem Infoblatt erklärt. Ihr seid beide intelligent genug, um zu verstehen, was das heißt. Ihr braucht Strategien, um euch gegen Schüler wie Laser, Kiet und Sara zu schützen. Ich sehe es auf euren Gesichtern, dass ihr über Kiet und Sara auch Bescheid wisst. Wir auch. Aber wenn ihr nicht mit der Sprache herausrückt, was können wir dann tun? Nichts."

Melissa hatte plötzlich schrecklichen Durst und wünschte,

Mr Pearce würde sie endlich gehen lassen, damit sie noch ein bisschen was von ihrer Pause hatten.

Martin war völlig durcheinander und wollte nur weg. Außerdem musste er dringend zur Toilette und befürchtete, dass ihm dazu vor der nächsten Stunde nicht mehr genug Zeit bleiben würde. Nachher im Unterricht konnte er auf keinen Fall fragen, ob er rausdurfte. Das würde nur wieder eine blöde Bemerkung herausfordern.

Mr Pearce seufzte. „Tja, dann verschwindet eben wieder. Ich brauche euch ja nicht noch einmal sagen, dass ihr zu mir kommen sollt, wenn es Schwierigkeiten gibt. Meine Tür ist immer offen für euch."

So einfach ist das nicht, dachte Melissa.

Wenigstens konnte sie jetzt endlich einen Schluck Leitungswasser trinken. Und Martin konnte sogar noch rechtzeitig vor der nächsten Stunde zur Toilette gehen.

Melissa konnte ihr Glück kaum fassen. Laser Fuller wurde über Lautsprecher gebeten, nach der Schule in Mr Pearces Büro zu kommen. Das hieß, dass er auf keinen Fall den ersten Bus nehmen konnte! Melissa beeilte sich, sodass sie den ersten Bus nicht verpasste. Beim Einsteigen entdeckte sie Sara Thomas in der letzten Reihe. Deshalb setzte sie sich ganz nach vorn. Für heute hatte sie genug. Sara war nämlich auch verdammt gut im Austeilen. Suoo schaffte es in letzter Minute auf den Bus. Darüber freute sich Melissa. Sie erzählte Suoo, was Laser heute Morgen zu ihr gesagt hatte, und von Martin und Mr Pearce. Die Worte sprudelten nur so aus ihr heraus.

„Mensch, Mel, ich versteh dich nicht! Du stehst immer da wie eine Salzsäule, wenn der Typ mit seinen dummen Sprüchen ankommt. Wenn dir keine vernünftige Antwort einfällt, dann geh weg und lass ihn doch einfach stehen. Glaub mir, der Typ ist ein Verlierer. Nur wegen Leuten wie dir kommt er sich stark vor. Aber bei mir kommt er mit dieser Masche nicht durch."

„Ich weiß, aber du bist so ... du bist eben stärker als ich. Mir fällt nie eine Antwort ein. Ich krieg dann einen ganz trockenen Mund. Es ist schrecklich. Und heute Morgen hätte ich beinahe angefangen zu heulen. Und übel war mir auch. Als ich dich in der Mittagspause nirgends finden konnte, hab ich mich in einer Arbeitsnische in der Bibliothek versteckt."

„Ich hab mit Martin Schach gespielt. Er hat mir von heute Morgen erzählt. Aber du solltest nicht auf mich als Schutzengel angewiesen sein. Du musst dich gegen ihn wehren. Verstehst du das nicht? So machst du dich zur leichten Beute für ihn!"

Melissa wusste, dass Suoo Recht hatte, aber es nützte nichts. Es war so, als würde man sie auffordern, etwas auf der Violine zu spielen, obwohl sie noch nie im Leben eine in der Hand gehabt hatte. Es war unmöglich.

Suoo stieg vor Melissa aus. Kaum war Suoo verschwunden, ließ sich Sara neben ihr auf den Sitz fallen.

„Hi, Lesbe. Wie läuft das Geschäft?"

Von allen Schimpfnamen hasste Melissa „Lesbe" am meisten. Suoo hatte ihr einmal erklärt, was das Wort bedeutete. Sara sagte das zu vielen Mitschülerinnen, doch die meisten lachten nur darüber. Einmal hatte sie es auch bei Suoo versucht, doch diese hatte nur geantwortet: „Versuch's doch mal, vielleicht gefällt's dir ja sogar." Später hatte Suoo Melissa grinsend erklärt, dass sie nicht glaubte, lesbisch zu sein, denn erstens sei sie noch zu jung, um das zu wissen, und zweitens mochte sie Jungs sehr gern.

Sara stieß Melissa den Ellbogen in die Seite. „Also, was ist? Verlangst du immer noch zwei Dollar?"

Melissa stieg drei Haltestellen früher aus. Es regnete noch immer. Sie hatte Saras übles Gerede einfach nicht mehr ertragen können.

Als sie zu Hause ankam, war sie nass bis auf die Haut. Nachdem sie geduscht und sich umgezogen hatte, rief sie Suoo an und erzählte ihr alles.

„Oh, Mel. Du bist ein hoffnungsloser Fall! Den gleichen Spruch hat sie bei mir auch schon gebracht. Als sie mich gefragt hat, ob ich immer noch zwei Dollar verlange, hab ich

gesagt: ‚Nein, bei mir kostet es fünfzig.' Warum sagst du nicht auch so was in der Art. Warum lässt du dir das gefallen?"

„Was soll ich denn machen?"

„Oje, ich geb's auf! Hör mal, ich muss Schluss machen. Ich bin heute Abend mit Kochen dran und hab noch keine Ahnung, was ich machen soll. Lass dich nicht unterkriegen! Wenn du dich gegen diese Idioten wehrst, lassen sie dich bald in Ruhe."

Aber das kann ich nicht, dachte Melissa, während sie sich von Suoo verabschiedete.

Während des Abendessens ließ sich ihre Mutter wieder über die gelbe Uniform aus, die sie bald würde tragen müssen, und ihr Vater schaute sich die Nachrichten an.

„Alles in Ordnung, Mel?", erkundigte er sich, als die Nachrichten vorüber waren.

„Ja, klar. Warum?"

„Du bist so still."

„Kein Wunder, wenn Mum die ganze Zeit über ihre gelbe Uniform redet", antwortete Melissa.

„Stimmt. Sie wird bestimmt wie ein Clown oder ein zu groß geratenes Streichholz aussehen. Du weißt schon, die mit den roten Köpfen."

Ihre Mutter lachte. „Na warte, George! Aber wahrscheinlich hast du Recht!"

Melissa beobachtete ihre Eltern schweigend. Sie neckten

sich ständig, doch keiner nahm das dem anderen übel. Vielleicht nahm sie die Sache in der Schule einfach zu ernst? Nein, die Beleidigungen verletzten sie wirklich, so sehr, dass sie wünschte, sie wäre alt genug, um von der Schule abgehen zu können. Vielleicht könnte sie auf eine andere Schule wechseln ...? Aber das war unmöglich, denn auf dieser Schule bekam sie ein Stipendium und ihre Eltern waren so stolz auf sie. Sie konnte sie nicht enttäuschen. Und wenn sie ihnen einfach alles erzählte?

Sie stocherte in ihrem Essen herum. Eigentlich war Kartoffelpüree ihre Lieblingsspeise, doch heute Abend schmeckte ihr nicht einmal das.

Nein, sie konnte ihren Eltern nichts erzählen. Sie waren so stolz auf sie. Außerdem würden sie sich garantiert bei der Schulleitung beschweren. Nicht auszudenken, was dann passieren würde. Laser und Sara würden sie erst recht fertig machen. Nein, sie konnte es ihnen nicht sagen, beschloss sie zum hundertsten Mal, während sie mühsam ihr Abendessen hinunterwürgte.

In letzter Zeit grübelte sie nur noch darüber nach, was ihre Mitschüler wohl als Nächstes zu ihr sagen und was wohl in den Briefchen stand, die über sie kursierten würden. Wahrscheinlich drehte sie langsam durch. Sie musste stark werden, so wie Suoo. Sonst würde sie zu Grunde gehen!

In dieser Nacht träumte Melissa: Sie war mit einem Schild und einer Art Lanze bewaffnet und trug eine altertümliche Rüstung. Sie kämpfte gegen einen Jungen, der Laser ähnlich sah. Nur dass dieser ein Clownkostüm trug und wie ein Streichholz aussah. Allerdings wollte es ihr in ihrem Traum einfach nicht gelingen, dem Streichholz etwas anzuhaben. Stattdessen fuchtelte sie nur mit der Lanze durch die Luft und tänzelte mit dem Schild in der Hand durch die Gegend.

„Melissa! Beeil dich!"

„Ich komm ja schon, Mum, tut mir Leid." Melissa hatte kurz überlegt, krank zu machen. Sie hatte sogar schon ein in heißes Wasser getauchtes Handtuch auf ihr Gesicht gelegt, um damit ihre Körpertemperatur zu erhöhen. Ihre Mutter kam nämlich immer mit dem Fieberthermometer an, wenn sie krank war. Aber Melissa ließ es doch bleiben. Wenn sie erst einmal so anfing, würde sie wahrscheinlich nie wieder einen Fuß in die Schule setzen. Dabei wollte sie lernen. Früher war sie wirklich gern in die Schule gegangen.

Wer weiß, vielleicht werden Laser und Sara ja auf dem Schulweg von einem Auto überfahren, dachte sie, während ihre Mutter auf der Fahrt wieder mit dem Thema Uniform anfing. Melissa beneidete ihre Mutter darum, dass ihre einzige Sorge darin bestand, welche Farbe die neue Uniform haben würde.

„Heute hole ich dich nach der Schule ab, mein Schatz. Ich kann früher Schluss machen. Also, mach nicht so ein Gesicht und freu dich!"

Und ob sich Melissa freute! Kein Busfahren nach der Schule, keine Sara und kein Laser, die sie schikanierten.

Und kein Laser an den Schließfächern! Nur nette Schüler. Normale, freundliche Schüler, die friedlich ihre Bücher heraussuchten und miteinander plauderten. Welch ein Segen.

Segen. Ein schönes Wort. Mr Pearce hatte es einmal benutzt, als sie ein Gedicht besprochen hatten, an das sie sich allerdings nicht mehr erinnern konnte. Mit Gedichten konnte Melissa nicht so viel anfangen. Bio und Mathe waren ihr lieber. Wenn sie eine Aufgabe richtig gelöst hatte, fühlte sie sich immer großartig. Seltsam. In Mathe die richtige Lösung zu finden, war für sie überhaupt kein Problem. Aber für die Probleme in ihrem Leben eine Lösung zu finden, war schon schwerer.

Der Morgen verlief gut. Melissa war in Hochstimmung. Ihre Mutter würde sie nach der Schule abholen und in Mathe hatte sie wie immer als Erste die richtige Lösung gehabt.

In der Mittagspause wendete sich das Blatt. Sie und Suoo setzten sich auf eine Bank und tauschten ihre Lunchpakete aus. Das machten sie immer, wenn sie zusammen zu Mittag aßen. Suoo liebte Melissas Brote mit Schokoladencreme und

Melissa mochte Suoos Reisgericht, das sie immer mitbrachte. Der Reis war mit kleinen Fleischstückchen und Gemüse gemacht und war schön scharf.

Plötzlich kam Sara an.

„Immer dieses Ungeziefer! Weg da!", sagte Suoo und biss in ihr Sandwich.

„Selber Ungeziefer. Mistkäfer sind schwarz. So wie du", erwiderte Sara.

Melissa wunderte sich, warum Suoo Sara überhaupt angesprochen hatte. Kurz darauf wusste sie warum.

„Ich und schwarz? Von wegen! Ich bin schokoladenbraun, meine Süße. Du dagegen bist rosa und picklig. Igitt! Wenn ich nur dein käsiges Gesicht sehe, vergeht mir schon der Appetit."

Sara streckte die Zunge heraus und rannte davon.

„Siehst du, Mel? Bei so einer Null ist Angriff manchmal die beste Verteidigung. Bei Laser ist das allerdings was anderes. Für den braucht man eine andere Strategie."

„Und die wäre?"

„Das kommt ganz darauf an", antwortete Suoo.

Suoo war einfach unglaublich. Melissa kratzte die letzten Reisreste aus der Plastikdose. Da schlenderte Laser an ihnen vorbei.

Hoffentlich würde Suoo ihn in Ruhe lassen. Schließlich war das auch Mobbing, dachte Melissa. Aber nein, Suoo wehrte sich nur.

Suoo sagte kein Wort. Laser auch nicht. Er stieß seine Schuhspitze in die Erde. Matschspritzer landeten auf Melissas Strumpf. Melissa hielt den Atem an.

„He, du Schwachkopf, was soll das?" Suoo stieß ihren

Schuh ebenfalls in die Erde und Matsch spritzte auf Lasers weiße Turnschuhe. Eine Menge Matsch. Ein guter Schuss.

„Na warte", knurrte Laser. Er kickte eine Ladung Matsch zurück. „Ist bei dir ja sowieso egal, Blacky. Auf deiner Haut fällt das gar nicht auf!"

Melissa hielt erneut den Atem an.

„Stimmt. Da habe ich Glück! Pech, dass man bei dir leider den Matsch sehen kann." Suoo hob einen Klumpen Erde vom Boden auf und schleuderte ihn Laser ins Gesicht.

„Suoo!" Mr Pearce stand vor ihnen.

„Mr Pearce! Haben Sie das gerade gesehen?" Laser konnte sich kaum noch beherrschen. „Die hat mich mit Matsch beworfen. Und beschimpft hat sie mich auch."

„Ja, ich hab's gesehen, Laser. Ich wollte sowieso gerade mit Suoo sprechen. Sara war gerade bei mir und hat mir erzählt, was du vorhin zu ihr gesagt hast, Suoo. Das war nicht nett von dir."

„Kommt ja auch darauf an, was sie zu mir gesagt hat. Sie hat mich mit einem Mistkäfer verglichen."

„Sara sagt, du hättest damit angefangen. Stimmt das?"

Suoo runzelte die Stirn und dachte einen Moment lang nach. „Tatsächlich? Weiß ich nicht mehr. Ist natürlich schon was anderes, wenn ich angefangen hab, das gebe ich zu. Aber mit dem Matsch hat Laser angefangen. Er hat Melissa voll gespritzt. Da, auf ihrem Strumpf. Ich hab nur ein bisschen was zurückgeworfen, das war alles."

„Ein bisschen?", schnaubte Laser und deutete auf die Matschspritzer in seinem Gesicht.

Mr Pearce unterdrückte ein Grinsen. Melissa hatte es genau gesehen.

„Na ja, solche Aktionen verselbstständigen sich. Und hinterher weiß keiner mehr, wer eigentlich damit angefangen hat. Jedenfalls ist das Ganze ziemlich kindisch."

Mr Pearce musterte sie eindringlich und ging schließlich weiter.

„Ha! Das hast du jetzt davon!" Sara war mit einem hämischen Grinsen zu ihnen getreten.

„Ganz schön schwach von dir, dass du dich nicht selbst verteidigen kannst", sagte Suoo. „Los, komm, Mel. Hier sind zu

viele Schwachköpfe versammelt." Sie ließen Sara und Laser stehen.

„Bin ich froh, dass du gerade da warst", sagte Melissa. „Aber das mit Sara, das hast du wirklich angefangen."

Laser und Sara schmiedeten garantiert Rachepläne, da waren sich Melissa und Suoo ganz sicher.

Melissa war erstaunt, wie gut sie sich an diesem Abend fühlte. Suoo war so cool gewesen. Melissa half ihrer Mutter bei der Zubereitung eines Auflaufs und hörte sich zum x-ten Mal die Uniformgeschichte an.

„Stell dir das mal vor, knallgelb. Nicht etwa zitronengelb. Eher so wie die Farbe auf diesem Bild mit den Sonnenblumen, du weißt schon, das beim Zahnarzt im Wartezimmer hängt."

„Ein schönes Bild, Mum. Es wurde von van Gogh gemalt.

Der hat sich sein Ohr abgeschnitten", sagte Melissa. „Das haben wir in Kunst gelernt."

„Kein Wunder. Er kann froh sein, dass er sich bei diesem Gelb nicht die Kehle durchgeschnitten hat!"

„Ich glaube nicht, dass er sich deshalb das Ohr abgeschnitten hat. Die Farbe der Sonnenblumen war bestimmt Absicht, sonst hätte er sie doch nicht so gemalt. Ich glaube, er ist später verrückt geworden."

„Kein Wunder", sagte ihre Mutter erneut. „Weißt du, ich hab meinem Chef gesagt: ‚Schlimm genug, dass ich in dieser Uniform unmöglich aussehen werde, aber bei dieser Farbe wird den Kunden garantiert der Appetit vergehen.' Ich meine, stell dir vor, du kommst in einen Feinkostladen und musst dir so was ansehen! Eigentlich wollte ich ja heute Abend einen Bananenpudding machen, aber im Moment kann ich wirklich nichts Gelbes sehen. Na ja, jedenfalls hab ich meinem Chef gesagt ..."

„Hallo, ihr beiden", sagte ihr Vater.

Er trat zu ihnen in die Küche und warf einen Blick in die Kochtöpfe.

„Hallo, Dad. Mum ist schon wieder bei ihrem Lieblingsthema: die neue schrecklich gelbe Uniform", erklärte Melissa lächelnd.

„Weißt du, George, ich hab meinem Chef gesagt, die Leute wollen beim Mittagessen garantiert kein ..." Melissa flüchtete in ihr Zimmer.

Nach dem Abendessen machte sie ihre Hausaufgaben. Mathe mochte sie besonders. Alles ging so einfach und schnell.

Am nächsten Morgen war Melissa sogar rechtzeitig für die Schule fertig. Sie wusste, dass Suoo die Situation unter Kontrolle hatte, und das beruhigte sie.

Aber Melissa konnte Suoo auf dem Schulhof nicht entdecken. Auch ihr Platz im Klassenzimmer blieb leer. Melissa hatte zwar auch andere Freunde, doch da sie in letzter Zeit meistens mit Suoo zusammensteckte, hatte sie kaum noch was mit den anderen unternommen. Die Lehrerin überprüfte ihre Hausaufgaben und lächelte Melissa anerkennend an.

„Alles richtig! Du bist ja ein richtiges Mathe-Genie!"

Melissa freute sich sehr über das Lob, zuckte aber trotzdem zusammen. Als die Klasse die nächste Aufgabe lösen musste, stupste sie plötzlich jemand von hinten an. Ein Stück Papier landete auf ihrem Tisch. Melissa faltete den Zettel auseinander und hielt den Atem an. Das war eindeutig Saras Schrift. Ihr wurde schlagartig übel und das Herz klopfte ihr bis zum Hals.

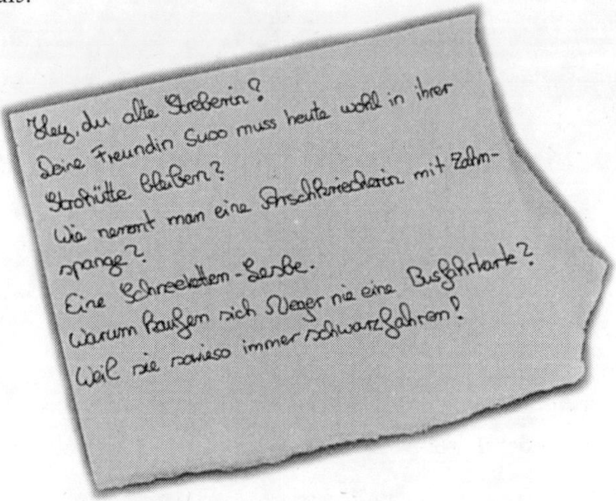
"Hey, du alte Streberin!
Deine Freundin Suoo muss heute wohl in ihrer Strohhütte bleiben?
Wie nennt man eine Schlitzäugigen mit Zahnspange?
Eine Schneeketten-Sense.
Warum kaufen sich Neger nie eine Busfahrkarte?
Weil sie sowieso immer schwarzfahren!

Diese blöde, gemeine Sara. Melissa war schon oft bei Suoo zu Hause gewesen. Ihre Familie wohnte in einem wunderschönen Haus mit drei Bädern und … ach was, war ja auch egal. Warum nannten sie sie Arschkriecherin? Warum ließen sie sie nicht in Ruhe? Ihre Hände waren ganz kalt und klamm und sie konnte ihren Stift nicht mehr richtig halten.

„Seid ihr fertig?", hörte sie die Stimme der Lehrerin wie durch Watte.

Ein paar Schüler nickten. Melissa hatte die Matheaufgabe völlig vergessen. Das war der gemeinste Zettel, den sie je bekommen hatte. Sie merkte gar nicht, dass die Lehrerin neben ihrem Tisch stand.

„Was hast du denn da, Melissa? Du löst doch sonst deine Aufgaben nicht auf einem Papierfetzen. Zeig mal her."

Noch ehe Melissa reagieren konnte, hielt Mrs Karamanolis den Zettel schon in der Hand. Melissa hatte das Gefühl, gleich ohnmächtig zu werden.

Bitte nicht, flehte sie im Geiste. Bitte nicht lesen und erst recht nichts dazu sagen. Bitte vergessen Sie es einfach!

Melissa hielt den Blick gesenkt. Wenn sie jetzt Mrs Karamanolis in die Augen sah, würde sie entweder losheulen oder sich übergeben müssen. Wahrscheinlich beides. Sie schämte sich schrecklich, nicht nur für sich selbst, sondern auch für Sara.

Doch Mrs Karamanolis sagte nur: „Hmmmm, diese Aufgabe müssen wir uns noch einmal ansehen, Melissa. Aber jetzt rechne lieber wieder in deinem Heft." Dann ging sie weiter durch die Bankreihen und sah sich die Aufgaben der anderen Schüler an. Den Zettel hatte sie behalten.

Nach diesem Zwischenfall konnte sich Melissa gar nicht mehr auf die Aufgaben konzentrieren. Sie war am Boden zerstört. Was würde jetzt geschehen? Würde Mrs Karamanolis Suoo den Zettel zeigen? Nein, das konnte sie nicht machen. Sogar Suoo würde sich über die rassistische Scherzfrage aufregen oder nicht?

Am Ende der Stunde packte Melissa ihre Sachen zusammen, ohne aufzublicken. Sie wartete, bis die ersten Schüler aus dem Klassenzimmer strömten und wollte sich dann zu ihnen gesellen, um Sara möglichst aus dem Weg zu gehen.

„Melissa! Sara! Bleibt bitte noch einen Moment hier", hörte sie die Lehrerin sagen.

Melissa erstarrte. Das war ja der reinste Albtraum! Mrs Karamanolis schien zu wissen, dass der Zettel von Sara war. Sara schrieb ständig irgendwelche Briefchen und die meisten Lehrer kannten die Handschriften ihrer Schüler. Selbst in Mathe musste man ja zumindest die Namen auf die Klassenarbeiten schreiben. Melissa blieb an ihrem Tisch stehen und starrte auf die Kratzer auf der Tischplatte.

„Sara, hast du Melissa diesen Zettel geschrieben?"

Saras selbstbewusste Stimme drang aus dem hinteren Teil des Klassenzimmers. „Was denn für einen Zettel, Mrs Karamanolis?"

„Du weißt ganz genau, wovon ich rede, Sara Thomas. Das ist nicht das erste Mal, dass du erwischt wirst. Suoo und Martin Sydney hast du schon mal so was geschrieben. Du solltest wissen, dass wir Lehrer miteinander reden."

Melissas Blick war noch immer unsicher auf die Tischplatte gerichtet.

„Dich brauche ich wohl kaum zu fragen, von wem du den Zettel hast, Melissa?"

„Nein, Mrs Karamanolis", flüsterte Melissa.

„Na gut. Ihr beiden hört noch von mir. Du kannst jetzt gehen, Sara."

Nachdem Sara die Tür hinter sich zugeschlagen hatte, hob Melissa den Blick.

„Bitte, Mrs Karamanolis. Sagen Sie Suoo nichts davon. Es ist so gemein. Am besten Sie zerreißen den Zettel und vergessen ihn. Bitte!" Tränen rannen über Melissas Wangen.

Mrs Karamanolis trat zu ihr und setzte sich auf den Platz neben ihr. Sie trocknete Melissas Wangen mit einem Taschentuch. Doch das brachte sie erst recht zum Weinen.

„Armes Ding. Wir wissen doch beide, dass es Sara war. Das bringen wir schon wieder in Ordnung, keine Sorge."

„Wie denn? Dagegen kann doch niemand was machen!", schniefte Melissa.

„Damit kommt sie nicht durch, Melissa. Weißt du, ich wurde früher in der Schule auch gehänselt."

Melissa starrte ihre Lehrerin durch einen Tränenschleier an. „Sie? Aber Sie sind doch Lehrerin, Sie sind bestimmt … Ach, ich weiß nicht. Sie sind wie Suoo. Sie sind so stark und würden nie gleich losheulen wie ich. Tut mir Leid! Ich schäme mich so."

Mrs Karamanolis tätschelte Melissas Arm. „Es braucht dir nicht Leid zu tun, Melissa. Du hast doch gar nichts getan. Pass mal auf. Ich bin in Sydney geboren, aber meine Eltern kommen aus Griechenland. Du kannst dir nicht vorstellen, wie mich einige Mitschüler behandelt haben und was sie alles zu mir gesagt haben, nur weil ich anders war. Meine Mutter hat einmal ein Jahr lang Schwarz getragen. Das war in ihrem Dorf zu Hause in Griechenland so üblich, wenn ein naher Verwandter starb. Meine Mitschüler sagten dann zu mir: ‚Na, wie geht's denn der alten Krähe? Zieht die nachts auch ein schwarzes Nachthemd an?', und natürlich noch viel schlimmere Sachen."

Melissa machte große Augen. „Das ist ja schrecklich."

„Ja, das war es auch. Genau wie das, was sie mit dir machen. Und jetzt raus mit dir, sonst verpasst du die ganze Pause."

„Kann ich den Zettel bitte wiederhaben?"

„Nein, Melissa", sagte die Lehrerin. „Den brauche ich noch."

Melissa schlich auf den Pausenhof. Am besten verschwand sie sofort in der Toilette oder verkroch sich in der Bibliothek. Sie hatte schreckliche Angst. Sara würde bestimmt schon auf sie warten. Stattdessen traf sie Suoo.

„Suoo! Wo warst du denn? Rate mal, was …“ Melissa biss sich auf die Zunge. Eigentlich hatte sie Suoo gar nichts von dem Zettel sagen wollen.

„Ich weiß längst Bescheid. Mai Lai hat Sara beobachtet, wie sie den Mist geschrieben hat. Mach nicht so ein Gesicht. Davon geht doch die Welt nicht unter!“

„Heißt das, du … du weißt, was drin stand?“

„Das, was ich weiß, reicht mir schon. Den Witz mit dem Schwarzfahren kenn ich schon seit einer Ewigkeit. Beim ersten Mal fand ich ihn ja noch ganz witzig, aber ich hasse alte Witze!“ Suoo kicherte.

„Ich glaub's nicht. Du bist überhaupt nicht wütend!“ Melissa betrachtete ihre kichernde Freundin mit großen Augen.

„Nö. Pass auf, wie findest du den? Was sagt ein Schwarzer, wenn er über den Zebrastreifen geht?“

„Suoo, du weißt genau, dass ich solche Witze hasse. Ich kann rassistische Witze nicht ausstehen!“

„Ach, stell dich nicht so an, Mel. Wo bleibt denn dein Sinn für Humor? Also, was sagt ein Neger, wenn er über den Zebrastreifen geht?“

„Na schön“, sagte Melissa matt. „Was sagt er?“

„Man sieht mich, man sieht mich nicht, man sieht mich, man sieht mich nicht …“

Melissa verzog das Gesicht. „Das finde ich überhaupt nicht komisch.“

„Ich schon. Ich kenne noch 'ne Menge, aber die erzähl ich dir ein anderes Mal. Ich war übrigens beim Zahnarzt. Ich versuche immer den Termin auf eine Mathestunde zu legen. Du weißt doch, dass ich Mathe nicht ausstehen kann. Mrs Karamanolis hat also den Zettel an sich genommen?"

„Woher weißt du das?"

„Hat mir Mai Lai erzählt. Ich frage mich, was sie damit vorhat."

„Keine Ahnung", sagte Melissa düster. „Ich hab mir eigentlich nur Sorgen gemacht, dass sie dir was davon sagen könnte, aber jetzt weißt du's ja sowieso schon. Wahrscheinlich zeigt sie ihn Mr Pearce. Der wird sich dann Sara vorknöpfen. Und Sara wird sich dann wieder an mir rächen und so weiter ..."

„Hier, nimm die Hälfte von meinem Schokobrötchen. Komm schon, Mel. Vergiss den blöden Zettel einfach! Mir können Saras Sprüche gestohlen bleiben. Du musst es so machen wie ich."

„Ich hasse es aber, wenn man mich Arschkriecherin nennt. Und dass sie Lesbe zu mir sagt, ist am allerschlimmsten. Das ist gemein."

„Quatsch, das ist nur dumm. Und wahrscheinlich auch noch falsch. Oder stehst du etwa auf mich?" Suoo kicherte.

Nun musste selbst Melissa kichern. „Nein, ich mag dich, aber nicht so."

„Vielleicht solltest du einfach mal so tun als ob", erklärte Suoo lächelnd und legte den Arm um Melissa. „Das würde Sara garantiert umhauen!"

„Hör auf mit dem Quatsch", kicherte Melissa.

„Wenigstens lachst du jetzt wieder. Das Schokobrötchen schmeckt gut, was?"

„Mmmm. Oh nein, sieh mal, wer da kommt!"

Sara kam auf sie zu. „Hey, warum kaufen sich Neger nie eine Busfahrkarte?"

Suoo schluckte rasch den letzten Bissen hinunter. „Der ist doch schon uralt! Kennst du keinen neuen Witz?"

Sara starrte sie wortlos an.

Suoo erzählte ihr den Witz mit dem Zebrastreifen. „Hey", fuhr Suoo fort. „Deine Eltern kommen doch aus England, richtig? Wo versteckt man am besten sein Geld vor einem Tommy?"

Sara starrte sie immer noch an.

„Unter der Seife!"

Sara schien es ausnahmsweise einmal die Sprache verschlagen zu haben.

„Komm, Mel, wir gehen noch ein bisschen kuscheln, bevor die Pause um ist." Suoo zog Melissa grinsend mit sich. Sara blickte ihnen mit offenem Mund hinterher.

„Siehst du, jetzt ist sie fertig! Der haben wir's vielleicht gegeben", jubelte Suoo.

Melissa hatte Suoo noch nie so bewundert wie in diesem Moment.

Am nächsten Morgen wurde in der Schule eine außerordentliche Schulversammlung einberufen. Normalerweise gab es dann immer eine Moralpredigt. Als Mr Pearce aufstand und ans Rednerpult trat, lief Melissa ein Schauder über den Rücken. Er sprach über Mobbing in der Schule, genau wie sie vermutet hatte. Er sagte, alle Schüler sollten sich gegenseitig respektieren. In der Schule gebe es neunzehn verschiedene ethnische Gruppen und dass sie alle auf ihre Unterschiedlichkeit stolz sein sollten. Fast alle Schüler respektierten die Rechte der anderen bis auf einige wenige. Er könne diese Schüler ohne weiteres beim Namen nennen, aber darauf wolle er im Moment verzichten. Dann erklärte er ihnen, was sie tun sollten, wenn sie gemobbt, von Mitschülern belästigt oder bedroht würden.

1. Sprich mit deinem Klassenlehrer.
2. Wenn du das nicht willst, sprich mit einem anderen Lehrer oder mit der Schulpsychologin.

3. Sprich mit deinen Eltern.
4. Alles, was du deinem Lehrer oder der Schulpsychologin erzählst, wird vertraulich behandelt.

Dann fügte er noch hinzu, dass die Schule bei weiteren Vorfällen Disziplinarmaßnahmen ergreifen werde. Sie wären alle sehr stolz auf die Schule und die meisten Schüler. Doch er werde den nächsten Übeltäter vor der gesamten Schule zur Rede stellen.

„Das ist ja alles schön und gut“, flüsterte Melissa Suoo auf dem Weg ins Klassenzimmer zu. „Aber dazu wird es nie kommen. Wenn man die Leute verpetzt, macht man alles nur noch schlimmer.“

„Genau“, nickte Suoo. „Mit denen muss man schon selber fertig werden.“

In diesem Moment tauchte Laser neben ihnen auf. „Wisst ihr, warum Martins Mutter flach wie 'n Tischtuch ist?“, zischte er ihnen zu.

„Der Spruch ist doch schon uralt“, zischte Suoo zurück. „Den hast du schon hundertmal erzählt.“ Sie zog Melissa weg und sie gingen rasch zum Klassenzimmer.

„Und warum?“, fragte Melissa.

„Ganz einfach, weil ich diesen Schwachkopf loswerden wollte!“

„Nein, ich meine, warum ist Martins Mutter flach wie ein Tischtuch?“

„Sag bloß, den kennst du noch nicht! Hat er dich das noch nicht gefragt?"

„Nein. Ich hab nur mal mitgekriegt, wie er Martin damit genervt hat, aber die Antwort hab ich nicht gehört."

Suoo lachte. „Du wirst schockiert sein, Mel. Du bist ja noch ziemlich naiv. Sie ist flach wie ein Tischtuch, weil sie zweimal pro Tag flachgelegt wird!"

Melissa hatte keinen blassen Schimmer, wovon Suoo redete.

„Als er den gleichen Spruch mit meiner Mutter versucht hat, hab ich nur gelacht. Später hab ich's dann meiner Mutter erzählt und die hat nur gemeint: ‚Schön wär's und hat auch gelacht."

„Aber … Martin fand das auch nicht komisch", sagte Melissa. Sie verstand immer noch nur Bahnhof.

„Kein Wunder, Martin ist ja auch so 'ne Mimose wie du! Der lässt sich viel zu leicht ärgern. Wie gesagt, Laser weiß schon, wen er sich als Opfer aussucht."

Melissa war ziemlich durcheinander, sagte Suoo aber nichts. Der Tag verlief ohne weitere Zwischenfälle.

Beim Abendessen fiel Melissas Mutter plötzlich ein, dass sie einen Brief von der Schule bekommen hatte.

„Übrigens, Mel, heute kam ein Brief von der Schule. Den haben sie anscheinend an alle Eltern verschickt. Da steht drin, dass Schüler, die von anderen bedroht werden, mit ihren Eltern sprechen sollen. Aber solche Probleme hast du ja sowieso nicht. Wer soll es schon auf dich abgesehen haben?"

Wenn du wüsstest, dachte Melissa. Laut Suoo bin ich doch das geborene Opfer. Sie zuckte die Achseln. „Na ja, ein paar an der Schule ärgern mich schon manchmal, aber dann wehre ich mich und gebe ihnen eine entsprechende Antwort", log sie.

„So ist's recht!", sagte ihr Vater und schöpfte sich noch etwas Kürbissuppe.

„Aber wenn jemand verletzend wird, dann sag es uns", sagte ihre Mutter. „Das regeln wir dann für dich."

„Mach ich, Mum. Gibt's Neuigkeiten zum Thema Uniform?", fragte Melissa. Wenn ihre Mutter erst mal damit angefangen hatte, würde sie den Brief bestimmt schnell vergessen. Und so war es auch.

Melissa saß in der Bibliothek und war in ihren Aufsatz vertieft, als sie jemand unsanft in die Seite boxte. Sie zuckte zusammen und drehte sich um. Es war Kiet. Melissa sah sie an. „Was soll das?", fragte sie.

„Ich wollte nur sehen, was unsere kleine Streberin so macht. Miss Perfect. Miss Neunmalklug in Mathe. Miss Petze mit Schneeketten", höhnte Kiet.

Jetzt ging das schon wieder los. Wo war Suoo? Mal wieder beim Zahnarzt. In der nächsten Stunde hatten sie ja Mathe. Melissa suchte fieberhaft nach einer Antwort. Was hätte Suoo geantwortet? Aber ihr fiel nichts ein.

„Na los, renn doch wieder zu deiner Zigeuner-Lehrerin. Versuch's doch!", raunte Kiet.

„Warum lässt du mich nicht in Ruhe?", hörte sich Melissa sagen.

„Weil du leichte Beute bist."

Melissas Ohren wurden ganz heiß. Sie sammelte ihre Notizen ein und stand langsam auf. Kiet drückte sie wieder auf ihren Stuhl zurück. „Ohne deinen schwarzen Schutzengel bist du wohl ganz schön am Arsch, was? Da bekommt unser kleines Angsthäschen ganz große Augen!" Plötzlich ging Kiet wieder.

Melissa begriff das einfach nicht. Mai Lai war auch Vietnamesin, genau wie Kiet, und trotzdem war sie ganz anders. Bestimmt war auf Mai Lai auch schon herumgehackt worden, aber sie war zu allen nett und freundlich.

Melissa würde wieder niemandem von dem Vorfall erzählen. In Mathe versuchte sie sich vergeblich auf den Unterricht zu konzentrieren. Bestimmt würde gleich wieder ein Zettel voller Gemeinheiten über sie auf ihrem Tisch landen. Es kam aber keiner. Angespannt wartete sie darauf, dass Laser, Sara oder Kiet ihr etwas zuraunten. Taten sie aber nicht. Doch schon die Angst davor genügte, um sie von ihren Aufgaben abzulenken.

„Na, wie kommst du voran, Melissa?", erkundigte sich Mrs Karamanolis und beugte sich zu ihr herunter. „Aber du hast ja noch gar nicht angefangen!"

„Tut mir Leid, Mrs Karamanolis", murmelte Melissa. Die Zahlen verschwammen vor ihren Augen und sie wusste nicht, wie sie die Aufgabe lösen sollte. Sie war wie gelähmt. Wie so oft in letzter Zeit war sie mal wieder mit den Nerven am Ende.

Laser und Co. hatten erreicht, was sie wollten: Nicht einmal Mathematikaufgaben konnte sie mehr lösen. Sie wusste, dass sie sich jetzt zusammenreißen musste, aber sie schaffte es nicht. Bis zum Ende der Stunde malte sie nur noch Muster in ihr Heft.

Mrs Karamanolis bat sie, nach der Stunde noch einen Moment zu bleiben.

Als die anderen gegangen waren, trat die Lehrerin zu ihr an den Tisch. „Was ist denn los, Melissa? Hast du wieder so einen Zettel bekommen?"

Melissa schüttelte den Kopf.

„Was ist dann? Normalerweise kannst du so eine Aufgabe im Schlaf lösen, das wissen wir beide. Also, was ist passiert?"

Eigentlich hatte Melissa nichts sagen wollen, doch dann sprudelte plötzlich alles aus ihr heraus. Alles, was Kiet zu ihr in der Bibliothek gesagt hatte.

„Ich werde mit Kiet sprechen", sagte die Lehrerin.

„Nein, bitte nicht! Hätte ich Ihnen bloß nichts erzählt! Bitte nicht mit Kiet sprechen, sonst rächt sie sich bestimmt an mir. Von wegen Miss Perfect. Wenn das wirklich so wäre,

dann würde ich jetzt nicht wie ein kleines Kind heulen und hätte sie nicht verpetzt. Bitte, Mrs Karamanolis!"

„Mal sehen. Ich werde darüber schlafen", antwortete die Lehrerin.

In dieser Nacht machte Melissa kein Auge zu.

In der Mittagspause erzählte Melissa Suoo von Kiet.

„Die kann einem wirklich auf die Nerven gehen", sagte Suoo. „Du hast's im Moment nicht leicht, was, Mel? Immer noch besser als dauernd zum Zahnarzt zu müssen. Weißt du was? Ich krieg auch eine Zahnspange! Jetzt werden sie mich bestimmt auch Schneekette nennen. Muss mir unbedingt noch eine gute Antwort überlegen."

„Eigentlich komisch, dass Kiet so gemein ist. Dabei ist ihr Bruder so nett", überlegte Melissa laut.

„Ihr Bruder? Ich wusste gar nicht, dass sie einen hat", sagte Suoo.

„Klar. Tien, mit dem Martin immer zusammen ist."

„Ach der, ja stimmt, der ist nett. Kaum zu glauben, dass sie aus der gleichen Familie kommen."

„Vielleicht wurde er nie so geärgert, wie sie es anscheinend bei Kiet gemacht haben."

„Oder er ist eben einfach ein netter Junge. Überleg doch mal, was diese Idioten dir schon alles an den Kopf geworfen haben, und du bist nie unfreundlich zu jemandem. Ich frage mich wirklich, wie du das machst."

„Das würde doch nichts bringen. Oder vielleicht doch? Aber mir fällt einfach nie was ein."

„Tut eine Zahnspange eigentlich weh?", wollte Suoo wissen.

„Am Anfang schon ein bisschen. Na ja, das heißt, es tut nicht direkt weh, sondern ist einfach nur unangenehm. Wenn du zum Beispiel Fleisch oder eine Orange isst, kann was drin hängen bleiben. Aber daran gewöhnt man sich."

„Du meinst, so wie an Mobbing?"

„Daran werde ich mich nie gewöhnen", erwiderte Melissa.

„Wenn man vom Teufel spricht ...", seufzte Suoo, als Laser auf Inlineskates auf sie zufuhr. „Lass dich bloß nicht erwischen! Du weißt ganz genau, dass man auf dem Schulhof nicht skaten darf", rief Suoo Laser zu. Er fuhr nur um Haaresbreite an ihr vorbei.

„Keine Angst. Mich erwischen sie schon nicht. Aber ich erwische euch!", johlte Laser und steuerte erneut auf sie zu. Suoo und Melissa wichen ihm flink aus.

„Lass uns von hier verschwinden, Mel. Soll doch dieser Schwachkopf machen, was er will", rief Suoo und sie rannten los.

Natürlich war Laser auf seinen Skates viel schneller als sie. Als er sie einholte, rammte er Melissa mit voller Wucht. Sie fiel der Länge nach auf den Asphalt. Laser suchte blitzschnell das Weite.

„Arschloch!", brüllte ihm Suoo hinterher. Neugierig scharten sich einige Schüler um sie. Melissas Gesicht war blutüberströmt. Ihre Hände und Knie waren aufgeschürft und bluteten ebenfalls.

„Schnell, holt einen Lehrer!", rief Suoo und betupfte Melissas Gesicht vorsichtig mit ihrem Taschentuch. Melissa fing an zu weinen. Ihre Tränen vermischten sich mit Blut und rannen ihr übers Gesicht.

Kurz darauf erschienen Miss Sardi und Mr Pearce. Nachdem sie sich vergewissert hatten, dass sich Melissa nichts gebrochen hatte, halfen sie ihr auf die Beine.

Melissas Knöchel tat schrecklich weh, und sie stützte sich bei Mr Pearce ab.

„Wie ist das passiert?", fragte der Lehrer.

Ein paar Schüler, die alles beobachtet hatten, fingen gleichzeitig an zu reden. Melissa schluchzte immer noch. Ihr tat alles weh und sie hatte das Gefühl, ein Messer stecke in ihrem Fuß, und ihre Nase schmerzte höllisch.

„Das war Laser", stieß Suoo keuchend hervor. „Er hat Melissa absichtlich mit seinen Inlines umgefahren."

„Sie hat Recht! Das stimmt", bestätigten die anderen Schüler im Chor.

„Na gut. Jetzt gehen wir erst mal zum Erste-Hilfe-Raum. Komm bitte mit, Suoo. Du kannst uns helfen. Kann einer von euch zum Sekretariat laufen und der Sekretärin sagen, sie soll Laser über Lautsprecher in mein Büro rufen?", sagte Mr Pearce. Ein paar Schüler nickten und liefen los.

Nachdem sie Melissas Wunden gesäubert hatten, begutachteten die Lehrer die Verletzungen. Verstauchter Knöchel, aufgeschürfte Knie und Hände und vielleicht eine gebrochene Nase, dachte Miss Sardi. Sie mussten den Krankenwagen rufen und Melissas Eltern verständigen.

Melissa wäre am liebsten auf der Stelle gestorben. Ihre Schuluniform war blutverschmiert, ihre Nase fühlte sich schrecklich an, von ihrem Knöchel ganz zu schweigen. Sie hatte sich noch nie in ihrem Leben so gedemütigt gefühlt.

Der Krankenwagen traf kurz vor ihrer Mutter ein. Während der Sanitäter Melissa versorgte, erzählte Mr Pearce Melissas Mutter von Laser.

„Aber das hat sie uns nie gesagt! Wir hatten ja keine Ahnung, dass Mel gemobbt wird! Gerade gestern Abend haben wir uns noch über das Thema unterhalten. Wir haben ja auch den Brief von der Schule bekommen. Sie hat behauptet, es wäre alles in Ordnung."

„Das wundert mich nicht", sagte Mr Pearce. „Die meisten Schüler reden nicht darüber, weil sie Angst haben. Vielleicht hätten wir mit Ihnen sprechen sollen. Doch leider ist Melissa nicht das einzige Opfer von Laser. Und Laser ist nicht der Einzige an unserer Schule, der andere Schüler tyrannisiert. Das Problem ist, dass wir kaum etwas in der Hand haben. Immerhin können wir jetzt endlich was gegen diesen verfluchten Laser unternehmen. Dieser Kerl ist wirklich eine Plage."

„Aber warum muss es erst so weit kommen, bis Sie endlich etwas unternehmen?", fragte Melissas Mutter mit Tränen in den Augen. „Ausgerechnet meiner Melissa muss so etwas passieren, die keiner Fliege etwas zu Leide tun würde. Und jetzt hat sie vielleicht eine gebrochene Nase oder einen Bänderriss! Wenn Sie schon länger über diesen Rowdy Bescheid wissen, warum haben Sie dann nichts unternommen? Warum haben Sie ihn nicht vom Unterricht ausgeschlossen oder von der Schule geworfen? Das ist doch schrecklich! Der kann was erleben, wenn ich ihn oder seine Eltern sehe ..."

„Jetzt beruhigen Sie sich erst mal wieder, Mrs Walsh. Beverly, sei so nett und bringe Mrs Walsh eine Tasse Tee."

„Mit Milch und zwei Stück Zucker", murmelte Melissas Mutter mechanisch, ehe Miss Sardi das Zimmer verließ.

„Keine Sorge, Mrs Walsh. Wir kümmern uns um Laser."

Der Sanitäter trat aus dem Erste-Hilfe-Raum. „Ist nur halb so schlimm. Der Knöchel ist verstaucht, aber die Nase ist nicht gebrochen. Sie wissen ja, wie Kopfverletzungen bluten. Sie wird ein paar blaue Flecken bekommen und die Schrammen im Gesicht wird man wohl noch eine Weile sehen. Der Junge muss das arme Mädchen mit voller Wucht erwischt haben. Sie hat gesagt, es wäre ein Unfall gewesen."

„Von wegen Unfall", sagte Mr Pearce.

„Was soll ich denn jetzt machen?", fragte Melissas Mutter.

„Jetzt trinken Sie in aller Ruhe Ihren Tee aus und dann nehmen Sie Melissa mit nach Hause." Mr Pearce warf einen Blick in den Erste-Hilfe-Raum. „Wie ich sehe, haben Sie ihr den Fuß bandagiert", fuhr er an den Sanitäter gewandt fort. „Wahrscheinlich braucht sie ein paar Tage Ruhe. Hab ich Recht?"

„Sie sagen es. Sollte sie dann immer noch Schmerzen haben, wenn sie den Fuß belastet, kann sie ja eine Weile lang eine Krücke benutzen", sagte der Sanitäter.

Melissas Mutter ging mit ihrer Teetasse in der Hand in den Erste-Hilfe-Raum. Melissa sah aus wie ein Häufchen Elend. Mit bleichem Gesicht starrte sie auf ihren bandagierten Fuß. Auf ihrer Nase klebte ein riesiges Pflaster.

„Mum, es tut mir ja so Leid!", wimmerte Melissa.

„Es tut *dir* Leid! *Ihm* sollte es Leid tun, diesem schrecklichen Laser. Keine Angst, Mel. Dad und ich werden mit seinen Eltern sprechen. Mein armer Schatz. Warum hast du uns denn nichts gesagt?"

„Ach, Mum. Das verstehst du nicht. Damit hätte ich doch alles noch schlimmer gemacht. Dann wäre er noch gemeiner zu mir gewesen. Außerdem ist er nicht der Einzige. Ist meine Nase gebrochen?"

„Nein, nur ein bisschen gequetscht. Wenn du auf Rasen statt auf Asphalt gefallen wärst, hättest du dir bestimmt nicht so wehgetan. Wenn das dein Vater erfährt!"

Melissa war völlig am Boden zerstört. Widerstandslos ließ sie sich von Suoo und ihrer Mutter beim Einsteigen in den Wagen helfen, während die halbe Schule herumstand und zuschaute.

Als Laser den Krankenwagen sah, wusste er, dass er dran war. Geschah der blöden Streberin recht. Immer bekam sie gute Noten. Und sah so niedlich aus. Und wurde von ihrer Mutter zur Schule gebracht. Höchste Zeit, dass es ihr einer mal so richtig zeigte. Er skatete nach Hause. In der Schule brauchte er sich heute nicht mehr blicken zu lassen. Über alles Weitere würde er morgen nachdenken. Eigentlich hatte er sie gar nicht

verletzen, sondern ihr nur ein bisschen Angst machen wollen. Nicht einmal Miss Perfect verdiente ein gebrochenes Bein oder was auch immer passiert war. Zu Hause legte er den Telefonhörer neben die Gabel in der Hoffnung, dass es seinen Eltern nicht auffallen würde. Tat es aber doch.

Lasers Vater brachte Pizza mit nach Hause. Seine Mutter kochte nie was. Keiner in seiner Familie kochte. Manchmal machten sie sich eine Dose mit Bohnen oder Suppe warm, aber meistens bestellten sie etwas beim Pizzaservice. Und das war allen recht.

Sein Vater kippte gerade sein zweites Bier, als sein Blick auf das Telefon fiel. Er knallte den Hörer auf die Gabel.

„Hat hier jemand Schiss vor einem Anruf?", brüllte er und fixierte Laser, der gerade seine Pizza hinunterschlang. Laser zuckte die Achseln. Lasers Mutter zuckte ebenfalls die Achseln und nahm sich noch etwas Wein aus dem Kühlschrank.

Als Lasers Vater beim vierten Bier war, klingelte das Telefon. Laser beschloss, im Zimmer zu bleiben und das Gespräch mit anzuhören. Sein Vater war an diesem Abend nicht allzu schlecht drauf. Laser hatte das Gefühl, dass er mit der Situation schon fertig würde. Am liebsten hätte er gehört, was dieser Arsch von Lehrer sagte, aber natürlich konnte er nur seinen Vater hören.

„Ja, also, es tut ihm Leid, dass er auf 'm Schulhof mit den Inlines gefahr'n ist, hmm. Ja, das mit dem Mädchen auch."

Nichts tat ihm Leid. Kam ganz darauf an, wie schlimm sie verletzt war. Ehe er nichts Genaueres wusste, tat ihm jedenfalls noch nichts Leid.

„Ja, klar, er hätte nich' abhauen soll'n. Ist eigentlich gar nich' sein Stil. Der Junge hat bestimmt 'n Grund dafür gehabt. Ach, jetzt fällt's mir wieder ein. Er musste meine Frau zum Arzt begleiten. Die kann das nich' allein."

Lasers Mutter verzog den Mund zu einem schiefen Grinsen, genau wie Laser es immer tat. Laser wusste, dass seine Alten cool waren. Manchmal logen sie sogar für ihn. Andere Kinder hatten keine solchen Eltern. Doch als sein Vater den Hörer auflegte, verging Laser das Grinsen.

„Du Scheißkerl! Fährst einfach so 'n Mädchen über'n Haufen. Dafür müssen wir vielleicht 'ne Menge Kohle abdrücken, wenn die Kleine verletzt ist. Und die andern Schüler haben dich gesehen, also bist du dran. Ich habe einen Vollidioten gezeugt! Einen absoluten Stümper!"

Laser hob automatisch die Hand vors Gesicht, doch diesmal schlug ihn sein Vater nicht.

„Was haste denn gegen die? Wenn sie 'ne Kuh ist, dann sag's ihr von mir aus oder noch besser: geh ihr aus 'm Weg. Verdammte Scheiße, bist du ein Idiot, Laser. Genauso hohl wie deine Mutter."

Lasers Mutter grinste wieder schief und hielt sich an ihrem Weinglas fest.

„Das wollt' ich nich', Dad. Ehrlich. War 'n Unfall. Die blöde Kuh ist mir reingerannt."

„Dreckiger Lügner! Pearce sagt, du wärst ihr von hinten reingefahren und sie ist hingefallen. Wir, oder besser gesagt du, kannst noch froh sein, dass sie sich nicht die Nase gebrochen hat. Los, mach dass du in dein Zimmer kommst. Wenn ich deine dämliche Visage sehe, wird mir schlecht", dröhnte sein Vater.

Laser verschwand. Er dachte ein bisschen über die Schule am nächsten Tag nach, aber allzu viele Sorgen machte er sich nicht. Damit wurde er schon fertig, genau wie mit seinem Vater.

Melissa ging drei Tage lang nicht zur Schule. Sie legte den Fuß hoch und obwohl der Knöchel etwas schmerzte, brauchte sie beim Gehen keine Krücke. Ihre Eltern wollten mit Lasers Eltern sprechen, aber Mr Pearce sagte ihnen, dass er das bereits getan habe und der Junge bestraft würde.

Melissas Eltern stellten ihr Fragen über Laser und sie erzählte ihnen ein paar Sachen. Von Sara und Kiet sagte sie allerdings nichts. Sie hatte schon genug Staub aufgewirbelt.

„Das mit Miss Perfect hast du gut hingekriegt!", lobte Sara Laser und nickte ihm anerkennend zu, als er wieder in die Schule kam.

„Jep!“, erklärte Laser grinsend. Dabei war ihm eigentlich gar nicht zum Lachen zu Mute. Wie angekündigt ließ ihn Mr Pearce vor der gesamten Lehrer- und Schülerschaft antreten und machte ihn zur Sau. Wie man nur so dumm sein könne, im Schulhof auf Inlineskates herumzukurven und was dabei alles für Unfälle passieren könnten. Laser musste zur Strafe eine Woche lang den Mülldienst auf dem Schulhof übernehmen. Außerdem durfte er ab jetzt nirgends mehr skaten – auch nicht auf dem Skateplatz vor der Schule.

Suoo grinste jedes Mal spöttisch, wenn er sie ansah, also vermied er es lieber. Er musste zugeben, dass sie die einzige Person war, die ihm Angst machte. Irgendwie war sie härter als er und das machte ihm wirklich zu schaffen. Immerhin hielt ihn Sara für eine Art Held und damit tröstete er sich, während Mr Pearce weiter über Mobbing redete und dass Laser die Schule enttäuscht habe. So ein Schwachsinn. Er

hatte doch bloß diese blöde Kuh umgefahren. Was hatte das mit der Schule zu tun?
In der Pause war Lasers Stimmung auf dem Tiefpunkt angelangt. Von den Leuten, mit denen er normalerweise herumhing, war keiner greifbar, außer Sara und die war viel zu sehr damit beschäftigt, Suoo zu nerven, um sich mit ihm abzugeben.

Miss Sardi hatte im Unterricht etwas über Stadträte und Straßen und solche öden Sachen erzählt. Laser war immer zappeliger geworden. Er hasste es, wenn ihn sein Vater einen Vollidioten nannte, aber er konnte nichts dagegen machen, denn sein Vater war doppelt so stark. In der Pause sah sich Laser suchend nach Martin um. Da war er ja – wie immer mit Tien.

„Na, wen haben wir denn da? Unsere beiden Schwuchteln. Hey, Marty, stehst wohl auf Schlitzaugen, was?"

Martin und Tien schwiegen. Laser versuchte sie regelmäßig mit solchen Sprüchen zu provozieren. Tien machte sich nicht viel daraus. Sie waren nicht schwul, aber darum ging es ja sowieso nicht. Das sagte Tien Martin immer wieder, doch Martin hasste es, Schwuchtel genannt zu werden. Einmal war er zu spät in den Unterricht gekommen und Laser hatte „Hintern an die Wand! Da kommt der warme Martin" gezischt. Ein paar Mitschüler hatten gelacht. Martin hatte sich ganz genau gemerkt, wer gelacht hatte, und sich alle möglichen Rachepläne für sie ausgedacht, obwohl er genau wusste, dass er keinen in die Tat umsetzen würde. Aber es tat gut, es sich wenigstens vorzustellen.

„Ihr seid mir vielleicht zwei schöne Schwulis! Hey, warmer Martin, wusstest du, dass deine Mutter wie 'ne Bowlingkugel aussieht?"

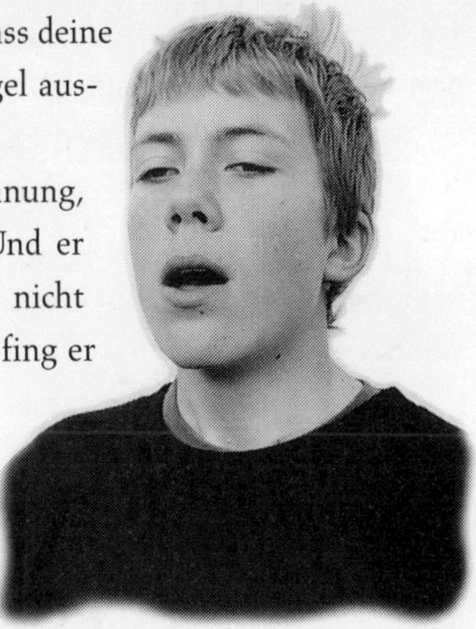

Martin hatte keine Ahnung, was Laser damit meinte. Und er würde ihn ganz bestimmt nicht danach fragen. Wenigstens fing er nicht wieder mit dieser Tischtuch-Geschichte an. Martin hasste es, wenn Laser über seine Mutter herzog. Sie war die beste Mum der Welt. Er hasste Laser wirklich.

„Hast du nicht gehört, was ich gesagt habe? Deine Mutter ist wie eine Bowlingkugel!"

Martin spürte, wie seine Knie butterweich wurden. Warum fiel ihm keine passende Antwort ein? Und warum sagte Tien nichts? Warum lästerte Laser ausgerechnet über seine Mutter? Er kannte sie doch gar nicht. Sie war klein und zierlich, von Bowlingkugel konnte wirklich keine Rede sein. In diesem Moment hörte Martin eine Stimme, die sein Herz sofort höher schlagen ließ.

„Hab ich mir doch gleich gedacht, dass du dich an Martin ranmachst, jetzt wo Mel nicht da ist. Du brauchst immer ein Opfer, hab ich Recht? Du bist ein Verlierer, Laser!", erklärte Suoo mit einem höhnischen Grinsen und setzte sich neben Martin. „Na, wie läuft's denn so, Martin?"

Martin riss sich zusammen. Suoo war einfach einmalig. Kein Wunder, dass Mel mit ihr befreundet war. Trotzdem sagte er erst mal gar nichts. Er fragte sich, was Laser vor Suoo und Tien wohl als Nächstes über seine Mutter sagen würde.

„Wie geht's Mel?", platzte er plötzlich heraus.

„Prima. Ihr geht's wirklich prima, trotz allem, was dieser Schwachkopf ihr angetan hat. Am Freitag kommt sie wieder in die Schule. Lässt sich zu Hause wahrscheinlich tierisch verwöhnen. Die hat's gut."

„Hey, Negerlippe, warum ist Martins Mutter wie 'ne Bowlingkugel?", sagte Laser.

„Nicht *den* schon wieder. Ich hasse alte Witze! Martin, ich kann dir sagen, wie die Antwort darauf lautet, aber der Witz ist so öde, dass ich es lieber lasse", sagte Suoo und biss in ihren Schokoriegel. Da Melissa heute nicht da war, hatte sie mit Becky tauschen müssen. Sie vermisste Mels Nutellabrote und beschloss, sich gleich heute Nachmittag ein Nutellaglas zu kaufen. Ihre Eltern aßen für ihr Leben gern Reis mit Gemüse, doch Suoo konnte es nicht mehr sehen. In Zukunft würde sie nur noch Nutellabrote in der Pause essen.

Laser stand einfach nur da und grinste dämlich. Er wusste nicht, was er sagen sollte. Suoo brachte ihn immer aus dem Konzept.

„Sie ist wie 'ne Bowlingkugel, weil jeder seine Finger in sie reinsteckt und sie hinterher wegwirft!", verkündete Laser triumphierend.

Martin spürte, wie ihm die Röte ins Gesicht stieg.

„*Sehr* witzig", sagte Suoo. „So einem Schwachkopf wie dir will ich nicht zuhören. Wenn man dich in einen Mülleimer werfen würde, würde er dich direkt wieder ausspucken! Los, zisch ab und geh einem anderen Schwachkopf auf die Nerven. Oder halten Schwachköpfe etwa zusammen? Kenn mich da leider nicht so gut aus wie du."

Laser antwortete mit einem Schwall von Beschimpfungen, dann zog er ab.

Martin grinste verlegen, Tien verzog keine Miene und Suoo aß ihren Schokoriegel zu Ende.

„Danke, Suoo", murmelte Martin.

„Wie gut, dass ich in der Nähe war. Dieser Typ langweilt mich tödlich. Der ist so was von bescheuert. Aber ihr beiden seid wie Mel. Ich kapier einfach nicht, warum ihr euch nicht gegen ihn wehrt."

„Das ist nicht so einfach, Suoo", sagte Tien leise. „Wir sind eben nicht wie du."

„Oh Mann! Das sagt Mel auch immer. Aber auf dieser Welt wird es immer solche Schwachköpfe wie Laser Fuller geben. Und Sara Thomas. Aber wir müssen mit ihnen fertig werden, versteht ihr? Wenn sie erst mal mitkriegen, dass man sich wehrt, dann geben sie von ganz allein auf und suchen sich ein anderes armes Schwein."

„Ja, ich weiß", sagte Martin. „Aber wenn er mit meiner Mutter anfängt ..."

„Über meine hat er auch schon hergezogen. Er hat gemeint, sie hätte einen fetten Hintern. Als ich's meiner Mutter erzählt hab, hat sie gelacht und gesagt, da hätte er ja Recht. Das war's. Es war ihr völlig egal, versteht ihr. Man darf das nicht an sich herankommen lassen. Oh, die Pause ist gleich zu Ende. Ich muss mir noch schnell die Schokoladenspuren vom Gesicht abwaschen. Obwohl man die bei mir ja sowieso nicht sehen würde!“

Als Suoo ins Schulhaus zurückging, blickten die beiden Jungs ihr bewundernd hinterher.

„Einfach unglaublich, dieses Mädchen!“, sagte Tien.

„Allerdings“, nickte Martin.

An diesem Abend dachte Suoo über Martin, Tien und Melissa nach. Sie mochte die drei wirklich, aber sie waren solche Angsthasen. Sie fragte sich, ob man daran vielleicht mit einer Art Kurs was ändern konnte. Aber wahrscheinlich funktionierte das nicht – sie waren einfach so. Und ihre Ratschläge nutzten wahrscheinlich auch nichts.

Die arme Melissa. Suoo hatte sie nach der Schule besucht. Melissa hatte wegen Laser, Sara und Kiet panische Angst davor, wieder in die Schule zu kommen. Suoo hatte ihr das Gleiche wie Martin und Tien geraten, doch eigentlich wusste sie, dass das Zeitverschwendung war. Man konnte nur hoffen, dass Mr Pearce Laser so eingeschüchtert hatte, dass er Mel in Ruhe ließ. Oder dass Laser den Mülldienst so verabscheut hatte, dass er in Zukunft einen großen Bogen um Mel machte. Sie war sich auch sicher, dass die Lehrer ein Auge auf Laser haben würden, wenn Mel zurückkam.

Melissa hatte ein bisschen geweint und Suoo erzählt, wie oft sie darüber nachgrübelte, welche Gemeinheiten Laser, Sara oder Kiet als Nächstes zu ihr sagen würden. Sie konnte sich nicht einmal mehr auf ihre Hausaufgaben konzentrieren und dabei machte sie die wirklich gern.

Suoo hatte nur den Kopf geschüttelt und die ganzen Kekse gegessen, die Melissas Mutter ihnen hingestellt hatte. Was sollte sie dazu auch sagen? Am besten sie warteten einfach ab, bis Mel wieder in die Schule kam, und dann würde ihr schon was einfallen.

Suoo ging nicht besonders gern zur Schule, aber sie wusste, dass der Unterricht Mel wirklich Spaß machte. Mel konnte es sicher einmal weit bringen, so schlau wie sie war. Und Suoo würde ihr, wenn irgendwie möglich, dabei helfen.

Auf dem Weg zur Schule fing Melissas Mutter wieder von der neuen Uniform an. Sie würde sie heute bekommen. Melissa wusste nicht genau, ob ihre Mutter nur versuchte, sie abzu-

lenken oder ob ihr die Sache mit der Uniform wirklich so wichtig war.

„Wenn das Dad sieht! Stell dir vor, die Uniform hat auch noch rote Applikationen und nicht einmal das gleiche Rot wie meine Haare. Das sieht vielleicht aus!"

„Holst du mich nach der Schule wieder ab, Mum?"

„Natürlich, mein Schatz. Ich lass dich mit deinem Fuß doch nicht nach Hause humpeln. Also, bleib immer schön bei Suoo in der Nähe und lauf nicht mehr herum als nötig. Suoo hat übrigens gestern Abend noch angerufen."

Melissa konnte sich lebhaft vorstellen, was Suoo gesagt hatte. Dass sie ein Angsthase war. Verwundert stellte sie fest, wie wütend sie dieser Gedanke machte. Sie hatte Suoo schrecklich gern und ihre Freundin hatte sie schon so oft beschützt, doch sie musste unbedingt lernen, sich selbst zu schützen. Aber so etwas ging nicht von heute auf morgen.

Suoo wartete am Schultor auf sie und Melissas Wut verpuffte sofort wieder, als ihre Freundin ihr lächelnd und ein Schokobrötchen kauend zuwinkte. Nur Suoo konnte gleichzeitig lächeln und essen. Das war auch so ein spezielles Talent von ihr.

Ein paar Schüler fragten Melissa, wie es ihr gehe, und alle bezeichneten Laser als „Tier". Melissa widersprach, weil sie Tiere nämlich mochte. Die Antwort überraschte sie selbst. Immerhin ein Anfang.

Vor den Schließfächern trat Kiet zu ihnen. „Na, wieder zurück, Miss Perfect? Weißt du was? Heute werde ich ausnahmsweise mal den ganzen Tag lang nett zu dir sein. Laser ist wirklich zu weit gegangen."

Melissa sah Kiet überrascht an. Das war das Netteste gewesen, was Kiet bis jetzt zu ihr gesagt hatte. Andererseits war die Anrede „Miss Perfect" nicht gerade ein Kompliment.

„Ja, Mel ist wieder da", meinte Suoo und griff nach ihren Büchern. „Aber ihr ist es bestimmt egal, ob du nett zu ihr bist oder nicht!"

Kiet schlich davon.

„Wie machst du das nur, dass dir immer eine passende Antwort einfällt?", fragte Melissa bewundernd.

„Ich überleg mir einfach hunderte von Antworten im Voraus. Na ja, zumindest ein paar. Ich hab sicher schon tausendmal gesagt, dass ich nie übertreibe!"

Melissa versuchte die Bemerkung mit dem ironischen Unterton zu verstehen. Sie war witzig gemeint. Manchmal war Suoo einfach zu schnell für sie.

„Als du krank warst, hast du bestimmt 'ne Menge für die

Schule gemacht und bist tierisch verwöhnt worden, hab ich Recht?", meinte Suoo grinsend.

„Stimmt. Na ja, ich hab ein bisschen was für die Schule gemacht. Meistens habe ich an Laser gedacht und mir gewünscht, er würde von einer Klippe stürzen."

„Das meinst du doch nicht ernst?"

„Wahrscheinlich nicht. Wahrscheinlich lässt er mich sowieso erst mal eine Weile in Ruhe."

„Na hoffentlich. Hey, Mel. Ich muss dir noch was sagen. Hab ich erst gestern Abend erfahren."

„Ist es was Gutes oder Schlechtes?"

„Gut für mich. Vielleicht schlecht für dich. Tatsache ist, mein Vater muss beruflich nach Queensland und er will, dass Mum und ich mitkommen. Weißt du, wir waren noch nie da."

Melissa blieb beinahe das Herz stehen. „Und wie lange fahrt ihr weg?", fragte sie mit dumpfer Stimme. Schule ohne Suoo! Nicht auszudenken.

„Nur für eine Woche. Pass auf, du schaffst das schon. Halt dich einfach von den Idioten fern und bleib bei den netten Leuten. Wer weiß, wenn ich zurückkomme, hast du vielleicht schon ein paar von meinen Tricks angewendet, aber ich hoffe, dass du die erst gar nicht brauchst."

Melissa hatte sich von ihrem ersten Schrecken erholt: „Suoo, ich ... ich freu mich wirklich für dich. Versprich mir, dass du mir eine Postkarte schreibst."

„Klar. Queensland ... eigentlich würden wir ja besser in den Schwarzwald passen!"

Melissa musste unwillkürlich kichern. „Du bist einfach unschlagbar! Mein Dad findet das übrigens auch."

Melissa wich Suoo den ganzen Tag nicht von der Seite. Es geschah nichts Schlimmes, ganz im Gegenteil. Ihre Mitschüler waren an diesem Tag besonders nett zu ihr, vor allem Martin, der sich in der Mittagspause zusammen mit Tien zu ihnen setzte. Suoo erzählte ihnen von ihrer bevorstehenden Reise nach Queensland.

„Wir passen solange auf Mel auf", erklärte Tien.

Danach fühlte sich Melissa schon etwas besser. Allerdings war sie sich nicht so sicher, wie gut Martin und Tien auf sie aufpassen konnten. Na ja, sie hatte ja noch das ganze Wochenende, um ... Ja, was eigentlich? Um sich ein paar Strategien zurechtzulegen. Und schlagfertige Antworten auszudenken. Sie musste sich unbedingt ein paar von Suoos Sprüchen aufschreiben und sie auswendig lernen. Aber damit war es ja nicht getan.

Melissa verbrachte ein düsteres Wochenende. Die einzige Aufheiterung war die schreckliche Uniform ihrer Mutter. Sie sah darin wirklich wie ein Streichholz aus, genau wie ihr Vater vorausgesagt hatte. Sie marschierte vor dem Spiegel auf und ab und jammerte über die Farbe, den Schnitt, die Rocklänge, einfach über alles. Ihre Mum hatte es gut, wenn das ihre einzige Sorge war.

Schließlich schlug Melissas Vater ihrer Mutter vor, zum Essen auszugehen, um sie ein bisschen aufzumuntern. Melissa sollte auch mitkommen, doch sie sagte, sie hätte noch eine Menge Hausaufgaben zu erledigen. Das stimmte sogar, aber sie machte trotzdem keine. Stattdessen saß sie zusammengekauert in einem Sessel im Wohnzimmer und dachte an die bevorstehende Woche. Vielleicht würden sie sie ja in Ruhe lassen. Vielleicht tyrannisierten sie jemand anderen. Vielleicht bekamen sie alle Grippe oder sie bekam die Grippe.

Normalerweise war Melissa ein sehr rationaler Mensch. Sie konnte einfach nicht verstehen, warum ihre Knie butterweich wurden, wenn Mitschüler ihr Gemeinheiten an den Kopf warfen, warum ihr schon bei dem Gedanken an diese Schüler der kalte Schweiß ausbrach und warum sie diese nicht einfach ignorieren und sich auf ihre eigenen Sachen konzentrieren konnte.

Melissa überlegte sogar, ob sie zu Mrs Selby, der Schulpsychologin, gehen sollte. Sie hatte schon mehrere Vorträge von ihr gehört und sie machte einen netten und vertrauenswürdigen Eindruck. Trotzdem verwarf Melissa die Idee wieder. Sie wollte lieber selbst damit fertig werden, wenn „es" wieder passierte. Sie wollte Suoo so gern beeindrucken. Wenn sie es schaffen würde, über ihren eigenen Schatten zu springen und diesen Typen etwas zu entgegnen oder sie einfach ignorieren konnte, dann wäre Suoo bestimmt sehr zufrieden mit ihr.

Warum machte jemand einen anderen überhaupt fertig? Weil sie selbst unsicher waren? Wahrscheinlich nicht. Wenn jemand unsicher war, dann sie selbst. Und warum machten die Bemerkungen der anderen sie so fertig? War sie wirklich das geborene Opfer, wie Suoo immer sagte? Waren die anderen neidisch, weil sie zufälligerweise ein gutes Gedächtnis hatte und gut in der Schule war? Vielleicht sollte sie sich dumm stellen. Sie könnte im Unterricht absichtlich falsche Sachen sagen und in den Klassenarbeiten dann alles richtig machen.

Melissa versuchte sich an einige von Suoos typischen Antworten zu erinnern, doch ihr fiel keine einzige ein. Sie lag gemütlich zusammengerollt auf dem Sessel und die warme Heizungsluft machte sie schläfrig. Ohne es zu merken, nickte sie ein und träumte.

Sie war in der Schule und trug ihre Schuluniform. Allerdings hatte sie eine merkwürdige Krone auf dem Kopf und stand auf einem Stuhl. Mrs Karamanolis, Miss Sardi und Mr Pearce waren da. Sie johlten und klatschten, doch Melissa wusste nicht genau warum. Dann sah sie plötzlich ihre Mutter in ihrer knallgelben Uniform. Ihre Mutter lachte und führte die Uniform wie ein Model auf dem Laufsteg vor. Plötzlich bewegten sich Laser und Sara auf sie zu, als würden sie auf Wolken schweben. Laser grinste sie fies an und riss ihr die Krone vom Kopf. Die Lehrer und ihre Mutter lachten und klatschten.

Melissa krümmte sich im Schlaf. Sie hatte Angst und war

verwirrt. Sie fürchtete sich davor vom Stuhl zu fallen und sich wieder den Knöchel zu verstauchen. Dann tauchte plötzlich Martin vor ihr auf. Er rollte auf dem Fußboden herum. Sara lachte und trat ihn mit den Füßen. Melissa schrie, doch die anderen lachten und klatschten immer weiter. Dann kam Laser erneut auf sie zu und trat gegen ihren Stuhl. Melissa fiel auf den Boden und ihr Knöchel tat schrecklich weh.

„Mel!"

„Mel, was hast du denn? Wach auf! Du hast geträumt!"

Die Stimme ihres Vaters drang langsam zu ihr. Melissa schlug die Augen auf. Sie lag auf dem Fußboden neben dem Wohnzimmersessel und ein seltsames Wimmern kam aus ihrer Kehle.

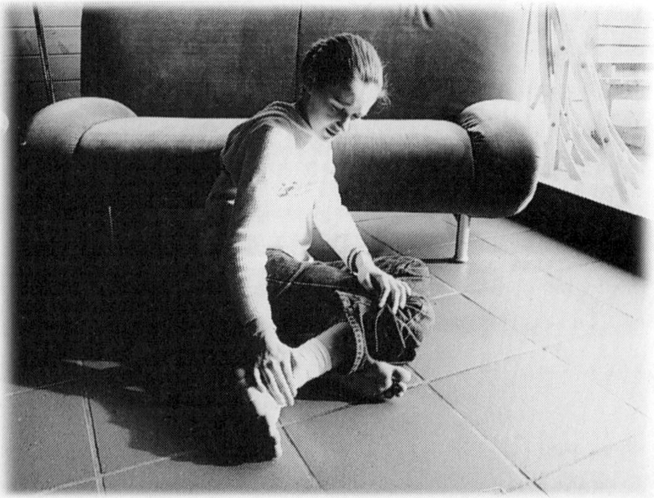

„Melissa! Beruhige dich, mein Schatz. Wir sind doch jetzt bei dir. Dir kann nichts passieren. Du hast wohl schlecht geträumt?", sagte ihre Mutter.

„Wahrscheinlich. Ich … ich bin im Traum vom Stuhl gefallen und hab mir den Fuß angeschlagen …"

„Zeig mal her. Weißt du was? Du bist hier vom Sessel gefallen und hast dir deinen Knöchel angeschlagen. Tut das hier weh?", sagte ihre Mutter und drückte auf eine Stelle an ihrem Fuß.

„Autsch! Ja! Na ja, es geht schon wieder. Wie dumm von mir." Melissa holte tief Luft. „Hattet ihr einen schönen Abend?"

„Ja, mein Schatz. Ich hab ein leckeres Steak mit Pilzen gegessen", antwortete ihre Mutter lächelnd. „Hast du dir die Reste von heute Mittag warm gemacht?"

„Nein, Mum. Ich wollt's später machen und dann muss ich wohl eingeschlafen sein. Ich hol mir ein Glas Milch und geh ins Bett."

„Bleib sitzen, Liebes. Ich bring's dir. Es ist sehr spät. Schon nach elf!"

Melissa richtete sich mühsam auf und ihre Mutter brachte ihr ein Glas Milch.

„Freut mich, dass ihr euch gut amüsiert habt, Mum", sagte sie.

„Hoffentlich hast du nichts allzu Schlimmes geträumt. Du hast so komische Laute von dir gegeben."

„Nein, nein. Es war eigentlich eher was Witziges", log Melissa.

Aus Angst, wieder den gleichen Traum zu träumen,

konnte Melissa lange nicht einschlafen. Irgendwann fiel sie schließlich in einen tiefen, traumlosen Schlaf und für einige Stunden waren ihre Sorgen weit weg.

Melissa erwachte zitternd. Plötzlich fiel ihr alles wieder ein. Der Traum, Laser, Sara, Kiet und dass Suoo nicht da war. Ihre Mutter hatte ihr Lieblingsessen gekocht: Lammbraten mit Kartoffelpüree und Erbsen und Möhren, aber Melissa ließ die Hälfte stehen.

„Was ist denn los, Mel? Schmeckt's dir nicht?", fragte ihre Mutter.

„Doch, doch. Es schmeckt prima. Ich hab nur keinen Hunger."

„Aber du hast doch nicht einmal gefrühstückt!"

„Doch, ich hab einen Apfel gegessen und ein Glas Milch getrunken", log Melissa.

„Komm, iss doch noch was. Willst du noch ein bisschen Soße?"

„Na gut", sagte Melissa. Ihr Mund war völlig ausgetrocknet. Sie zwang sich weiterzuessen und das Essen bei sich zu behalten. Ihre Mutter erzählte noch einmal von dem feinen Menü, das sie gestern Abend gegessen hatten. Ihr Vater gab ein paar Anekdoten von seinen Arbeitskollegen zum Besten. Melissa räumte schnell die Teller ab, ehe jemand eine Bemerkung über ihren mangelnden Appetit machen konnte.

Am Nachmittag blieb Melissa in ihrem Zimmer und versuchte für die Schule zu arbeiten, aber es war unmöglich. Sie fühlte sich zittrig und verängstigt und hasste sich selbst dafür, dass sie sich so fühlte. Doch sie konnte nichts dagegen machen. Sie sagte sich ständig, wie lächerlich und kindisch sie sich benahm, und fragte sich, was Suoo sagen würde, wenn sie sie in diesem Zustand sähe.

Als sich Melissa am nächsten Morgen für die Schule fertig machte, ging alles schief. Sie schlüpfte mit dem rechten Fuß in den linken Schuh, fluchte und streifte den Schuh wieder ab und ihren Pferdeschwanz bekam sie auch nicht richtig hin.

„Mel! Wo bleibst du denn?"

„Ich komme, Mum", rief sie in der Hoffnung, dass sich ihre Stimme nicht so unsicher anhörte, wie sie sich fühlte.

Beim Anblick ihrer Mutter in der neuen Uniform musste Melissa ein Grinsen unterdrücken. Den ganzen Weg zur Schule fühlte sie sich schrecklich.

„Holst du mich ab?", fragte sie. Hoffentlich klang das nicht zu verzweifelt.

„Natürlich, mein Schatz. Dein Fuß ist doch immer noch nicht in Ordnung. Wenn der Chef will, dass ich Überstunden mache, hat er Pech gehabt. Bis heute Nachmittag!"

Melissa winkte ihrer Mutter nach und versuchte sich innerlich für den Tag zu rüsten.

Im freiwilligen Umweltunterricht lief alles glatt – hauptsächlich weil Laser und Sara nicht daran teilnahmen. Melissa war schon oft aufgefallen, dass die drei schlimmsten Schüler, die sie kannte, ihren Abfall einfach fallen ließen.

Melissa saß neben Martin. Vor der Stunde hatten sie sich noch ein bisschen unterhalten. Martin hatte sich nach ihrem Knöchel erkundigt und ihr von dem Video erzählt, das er sich am Wochenende angesehen hatte. Am Ende der Stunde verließen sie zusammen den Raum und stießen vor den Schließfächern auf Sara.

„Den kannst du vergessen!", krähte sie.

Melissa hatte keine Ahnung, was Sara damit meinte, und konzentrierte sich darauf, ihre Bücher aus dem Schließfach zu holen, während Martin schon in die nächste Stunde sauste.

Sara stellte sich neben Melissa. „Denkst wohl, Martin ist in dich verknallt, was?" Sie kicherte.

Melissa starrte sie an. „Du spinnst ja", hörte sie sich sagen.

„Wenn hier jemand spinnt, dann bist du es. Der Typ ist eine Schwuchtel, Miss Perfect. Bei dem hast du garantiert keine Chance."

Melissa zuckte nur die Schultern und klemmte sich die Bücher unter den Arm. Sie hatte schon öfter mitbekommen, wie ein paar Schüler andere Schwuchtel genannt hatten, und wusste, dass es gemein war, wenn Sara Martin so nannte. Dennoch lächelte sie zufrieden. Bis jetzt schlug sie sich doch ganz gut!

„Na, was ist? Du sagst ja gar nichts", zischte Sara.

„Was soll ich dazu schon sagen?", sagte Melissa und humpelte davon.

Sie wunderte sich selbst über ihre neue Stärke. Bitte, mach dass es so bleibt! Sie wollte so gern stark sein. Sie hatte keine Ahnung, mit wem sie da eigentlich im Geiste sprach. Mit sich selbst? Mit Suoo? Mit Gott?

In der Pause sah sie sich suchend nach Martin und Tien um, konnte sie aber nirgends entdecken. Plötzlich fühlte sie sich schrecklich allein. Als sie sich einer Gruppe von Mädchen näherte, mit denen sie mal befreundet gewesen war, gingen sie weg. Melissa sah ihnen unsicher hinterher. Vielleicht wollten sie zufällig gerade woanders hingehen. Aber nein, sie drehten sich nach ihr um und flüsterten miteinander. Melissa hörte ihren Namen. Sie biss in ihren Apfel und setzte sich allein auf eine Bank, bis die Pause zu Ende war.

Der Tag lief gut. In der Mittagspause entdeckte Melissa das neue Mädchen namens Ruby allein auf einer Bank und setzte sich zu ihr. Miss Sardi hatte sie vor ein paar Wochen in der Klasse vorgestellt. Das war ungefähr zu dem Zeitpunkt gewesen, als Melissas Probleme angefangen hatten. Deswegen hatte sie bis jetzt noch keine richtige Gelegenheit gehabt, sich mit ihr zu unterhalten.

„Hallo“, sagte Melissa lächelnd.

„Hi“, antwortete Ruby leise. Sie aßen schweigend ihre Sandwiches.

„Miss Sardi hat uns zwar gesagt, woher du kommst, aber ich hab's vergessen, tut mir Leid“, sagte Melissa.

Ruby lächelte. Melissa fiel auf, dass sie ebenfalls eine Zahnspange trug, und hoffte für sie, dass diese Monster nicht auch noch über sie herfielen.

„Aus Wagga. Du weißt schon, da wo die Kricketspieler herkommen. Liegt im Westen“, erklärte Ruby.

Melissa hatte keine Ahnung von Kricket, doch von Wagga hatte sie schon mal gehört.

„Ah. Und wie gefällt's dir hier in Sydney?“, fragte sie weiter.

„Es geht. Das Haus war ziemlich teuer. Dad beschwert sich immer darüber. Und die Leute sind hier nicht so nett wie in Wagga. Ich bin nicht gern weggezogen“, erzählte Ruby und steckte das letzte Stück Sandwich in den Mund.

„Das kann ich mir vorstellen. Ich bin noch nie umgezogen. Warum seid ihr denn da weg?“

„Wegen meines Vaters. Er ist hierher versetzt worden. Mum sagt, die Frauen folgen immer den Männern. Ich weiß nicht. Hoffentlich mach ich das nie.“

Darüber hatte Melissa noch nie nachgedacht. Sie hatte ihr ganzes Leben lang im gleichen Haus gewohnt. So lange sie denken konnte, arbeitete ihr Vater in der gleichen Firma und ihre Mutter im Feinkostladen.

„Oh." Melissa fiel nichts mehr ein, was sie fragen könnte.

„Wo ist denn deine Freundin? Ich glaub, sie heißt Suoo, richtig?", fragte Ruby.

„Die ist für eine Woche nach Queensland gefahren. Sie ist echt cool", sagte Melissa mit dem guten Gefühl, das Gespräch und sich selbst unter Kontrolle zu haben.

„Ich hab gehört, was mit deinem Fuß passiert ist", sagte Ruby. „Das war wirklich schrecklich."

„Tja, so was kommt eben mal vor", sagte Melissa und fühlte sich unglaublich cool.

„Ich wär bestimmt voll ausgeflippt. Ich meine, ich hätte total durchgedreht! Du nicht?"

Melissa hatte keine Ahnung, was Ruby damit meinte, doch sie wollte um jeden Preis ihr neues cooles Image wahren und so sagte sie einfach nur, nein, sie habe nicht durchgedreht.

„Du hast's gut. Kann ich … na ja … ab und zu was mit dir machen? Ich will dir nicht auf die Nerven gehen. Ich will nur …"

Melissa fühlte sich plötzlich sehr wichtig. So hatte sie sich in der Schule schon lange nicht mehr gefühlt.

„Klar! Und mit Suoo auch, wenn sie wieder zurück ist. Komm, wir gehen in die Bibliothek. Da sind wir sicher."

„Sicher? Wovor denn?", fragte Ruby mit ängstlicher Miene.

Melissa hatte es vermasselt. Sie hatte alles im Griff gehabt, aber jetzt hatte sie es vermasselt!

„Weißt du, manchmal suchen sie sich ein paar Schüler, die den Schulhof aufräumen müssen", log sie.

„Okay", sagte Ruby langsam, während sie ihren Müll in den Papierkorb warfen.

Als sie sich umdrehten, sah Melissa Laser auf sie zukommen.

„Schnell, hier lang", flüsterte sie und machte kehrt. Ruby sah sie verwirrt an. Dann fiel ihr Blick auf Laser.

„Das ist doch der …"

„Komm schon", drängte Melissa und klang wie ihre Mutter am Morgen.

Doch sie war zu langsam. Mit ihrem Knöchel konnte sie noch nicht so schnell laufen. Laser baute sich vor ihnen auf.

„Na, wen haben wir denn da? Gleich zwei Schneeketten auf einem Haufen. Das ist ja die reinste Seuche!"

Melissa fühlte sich gar nicht mehr cool. Kein bisschen.

Ruby umklammerte Melissas Arm. „Was machen wir jetzt?", fragte sie leise.

Melissas Mund war ganz trocken. Kein Mensch war in ihrer Nähe. Und Laser stand einfach nur mit verschränkten Armen da und starrte sie mit diesem schrecklichen schiefen Grinsen an.

„Hey, Spasti. Sag bloß, du hast dir 'ne neue Lesbenfreundin angelacht? Da wird Blacky aber sauer sein."

Melissa spürte, wie ihr Arm an der Stelle zitterte, wo Ruby ihn umklammert hielt. Sie war sich nicht sicher, ob Ruby so zitterte oder sie selbst. Der letzte Funke Coolness verflüchtigte sich. Suoo, wo bist du? Suoo! Der Hilferuf verhallte lautlos in ihrem Kopf. Sie drehte durch. Sie versagte kläglich.

„Lass uns in Ruhe!", hörte sie sich sagen.

„Genau", murmelte Ruby hilflos. „Hau ab. Wir mögen dich nicht."

„Etwas Schöneres kann ich mir kaum vorstellen, als von zwei Lesben gehasst zu werden. Ihr mit euren hässlichen Schneeketten!" Und mit diesen Worten zischte er ab.

Melissa beherrschte sich mühsam, um nicht loszuweinen. Ruby brach in Tränen aus.

„Was meint er damit, Lesbenfreundin? Was ist das? Und was soll das mit den Schneeketten? Hast du ihm mal irgendwann was getan? Was soll das alles, Melissa?", schluchzte Ruby.

Oh nein. Ruby war genauso schwach wie sie selbst. Wo war Suoo?

„Ich weiß auch nicht genau, was Lesbe bedeutet. Ich

glaube, das ist, wenn man Mädchen mehr als Jungs mag. Das mit den Schneeketten ist wegen der Zahnspange. Ich versteh das ja auch alles nicht so richtig", schniefte Melissa. „Ich weiß nur eins: Ich hasse Laser Fuller!"

„Ich auch", schluchzte Ruby. „Und ich hasse Sydney. Wären wir doch bloß wieder in Wagga!"

„Komm schon, Ruby. Wir gehen jetzt erst mal zur Toilette und waschen uns das Gesicht. Die anderen und die Lehrer brauchen davon ja nichts mitzukriegen."

„Warum sagen wir es nicht den Lehrern?", fragte Ruby.

„Die wissen doch längst Bescheid. Was sollen die denn machen? Wenn sie ihn bestrafen, wird er sich erst recht an uns rächen. Ich kenne diese Typen. Vor Sara Thomas und Kiet musst du ebenfalls aufpassen. Die sind auch ziemlich fies."

„Aber warum, Melissa?"

„Das weiß ich auch nicht, ehrlich", antwortete Melissa und spritzte sich kaltes Wasser auf ihre geröteten Augen. „Suoo meint, sie würden sich ihre Opfer genau aussuchen", fügte sie hinzu. „Sie sagt, ich wäre das geborene Opfer. Vielleicht hat sie ja Recht. Das Ganze hat erst vor einem Monat oder so angefangen. Ich hab keine Ahnung, warum er ausgerechnet mich oder Martin fertig macht."

„Martin? Ach, Martin Sydney. Ich hab dich schon mit ihm gesehen. Gehst du mit ihm?"

„Quatsch!", antwortete Melissa kichernd. „Vielleicht später mal, nächstes Jahr. Keine Ahnung. Weißt du, ich hab schon genug zu tun, wenn ich meine Hausaufgaben mache, diesen Idioten aus dem Weg gehe und dafür sorge, dass meine Eltern nichts davon mitkriegen."

„Also, ich werde meinen Eltern auf jeden Fall davon erzählen. Damit sie sehen, wie schrecklich es hier ist!"

„Mach das lieber nicht. Dann kommen sie in die Schule. Mr Pearce wird Laser bestrafen. Und dann hat er es garantiert auf dich abgesehen! Weißt du noch, nach der Sache mit meinem Fuß hat Mr Pearce Laser vor allen zur Rede gestellt. Und was hab ich jetzt davon? Er lässt mich erst recht nicht in Ruhe. Ehrlich, Ruby, sag ihnen lieber nichts."

Ruby dachte einen Moment lang nach.

„Wahrscheinlich hast du Recht. Mann, ist das Ganze kompliziert!"

„Nächste Woche ist Suoo wieder zurück. Die passt schon auf uns auf", sagte Melissa.

„Das dürfte aber eigentlich gar nicht so sein", antwortete Ruby.

„Ich weiß. Vielleicht … vielleicht können wir ja selbst was dagegen machen?", sagte Melissa zögernd.

„Weißt du was? Kannst du morgen früher in die Schule kommen? Dann können wir uns beide heute Abend was überlegen und uns morgen früh darüber unterhalten."

„Ja, das würde gehen. Meine Mutter arbeitet in einem Feinkostladen und ist froh, wenn sie frühzeitig dort ist. Normalerweise halte ich sie immer auf, weil ich, wenn ich sehr spät komme, an den Schließfächern meine Ruhe habe."

„Gut", sagte Ruby und klang selbstsicherer, als sie sich fühlte. „Dann treffen wir uns morgen um Viertel nach acht in der Mädchentoilette, einverstanden?"

Melissa schluckte. „Ja, einverstanden."

Beim Abendessen war Melissa am Ende. Nach der Schule war sie in ihr Zimmer gegangen, allerdings nicht, um Aufgaben zu machen. Sie entwarf einen Plan nach dem anderen, aber die Pläne landeten allesamt im Papierkorb. Denn sie wusste ganz genau, dass sie sich nie trauen würde, das zu sagen, was sie sich notiert hatte.

„Wie schmecken dir die Spaghetti?", fragte ihre Mutter beim Essen. „Das ist ein neues Rezept. Tomatensoße mit Basilikum und Knoblauch."

„Gut, Mum", antwortete Melissa. Es schmeckte ihr wirklich und trotz ihrer Probleme hatte sie Hunger.

„Vermisst du Suoo sehr?", fragte ihr Vater. Vor ihrer Abreise hatte Suoo noch eine Ewigkeit mit Melissa telefoniert und ihr haufenweise Ratschläge gegeben.

„Nein, Dad", log Melissa. „Ich habe noch eine andere Freundin. Ich meine, natürlich freue ich mich schon darauf, wenn Suoo nächste Woche wieder zurückkommt. Meine andere Freundin heißt Ruby. Sie kommt aus Wagga. Sie ist echt nett."

„Das freut mich für dich, mein Schatz", sagte ihre Mutter lächelnd. „Ruby? Ziemlich altmodischer Name, aber schön."

„Du kannst sie ja *Tuesday* nennen", sagte ihr Vater.

„Tuesday?" Melissa blickte ihn fragend an.

„Ja. So wie das Lied von den Stones: *Ruby Tuesday*. Das kennst du doch."

Natürlich kannte Melissa das Lied. Ihre Eltern legten samstagabends oft Musik von den Rolling Stones auf.

„Und Mum, hast du dich schon an deine Uniform gewöhnt?", fragte Melissa, obwohl sie eigentlich ganz andere Sachen im Kopf hatte.

„Mehr oder weniger. Ich trage einfach eine riesige Schürze darüber, dann sieht man sie nicht so und keiner macht sich darüber lustig."

„Macht sich etwa jemand über dich lustig?", fragte Melissa jetzt schon viel interessierter.

„Klar. Das war schon immer so – mit den roten Haaren! Schon in der Schule. Junge, Junge, das war manchmal ganz schön heftig", erklärte ihre Mutter lachend. Anschei-

nend fand sie die Erinnerung daran sogar witzig. Melissa war sich sicher, dass sie selbst über bissige Bemerkungen nie würde lachen können.

Dann kam ihr plötzlich eine Idee. „Mum, haben sie sich damals in der Schule auch Spitznamen für dich ausgedacht und so?"

„In der Schule? Und ob! Weißt du, mit dreizehn war ich eine richtige Bohnenstange, groß und dünn. Und dann noch diese roten Haare!"

„Ich liebe dich trotzdem", erklärte Melissas Vater. „Du kannst schließlich nichts dafür, dass du so verrückt aussiehst."

Melissas Mutter grinste und schob eine Ladung Spaghetti in ihren Mund. „George, hör auf, mich zum Lachen zu bringen. Sonst wird mein Essen kalt."

„Die Spaghettisoße passt übrigens sehr gut zu deiner Haarfarbe", fügte er augenzwinkernd hinzu.

Melissa beobachtete ihre scherzenden Eltern. Sie konnte ihnen nicht von all den Problemen in der Schule erzählen. Sie wollte nicht, dass sie sich ihretwegen Sorgen machten. Dann besann sie sich wieder auf das, was sie wissen wollte.

„Mum, was haben sie denn in der Schule zu dir gesagt?"

Melissas Mutter dachte einen Augenblick nach. „Warte mal ... also in der Grundschule mussten wir uns immer in Zweierreihen vor dem Klassenzimmer aufstellen und ..."

„Echt? Ihr musstet euch in einer Reihe aufstellen? Ihr seid nicht einfach so ins Klassenzimmer reingegangen?" Melissa platzte vor Neugier.

„Oh nein. Vergiss nicht, das ist schon eine ganze Weile her.

Überleg mal, ich war schon neununddreißig, als du auf die Welt kamst."

„Das war vielleicht ein Freudentag, Mel. Wir konnten unser Glück kaum fassen, dass wir ein Baby bekommen würden. Und dann kamst du!"

Melissa hatte die Geschichte bestimmt schon hundertmal gehört.

„Ja, ich weiß, Dad. Aber, Mum, sag mal, wie haben sie dich in der Schule genannt?" Das Essen war wirklich lecker, aber Melissa hatte aufgehört zu essen. Dieses Thema interessierte sie brennend.

Ihre Mutter legte Löffel und Gabel auf den Teller.

„Also, wie gesagt, wir mussten uns immer in Zweierreihen aufstellen ..."

„Ja und dann? Wie haben sie dich genannt?"

„Na ja, sie sagten immer ... also die kleinen Jungs, die neben mir hergehen mussten, sagten immer: ‚Na, wie ist die Luft da oben?'"

Melissa wartete. „Und weiter?"

„Höhenluft soll ja sehr gesund sein!" Ihre Mutter kicherte. „Und dann haben sie mich noch ‚lange Latte' genannt!"

Melissa dachte einen Moment lang nach. „Und was hast du gemacht, wenn sie dich so genannt haben?"

„Ich hab gelacht. Wie soll man denn sonst reagieren?"

„Na ja. Das kommt darauf an, was sie zu einem sagen."

„Warum? Machen sie das bei dir in der Schule auch?", fragte ihr Vater.

„Manchmal. Sie sagen zu jedem irgendwelche blöden Sachen."

„Was denn zum Beispiel?", fragte ihre Mutter.

Melissa holte tief Luft. Sollte sie was sagen? Oder lieber doch nicht? Das war die Gelegenheit und sie fühlte sich stark genug, um es durchzustehen.

„Lesbe. Sie nennen mich Lesbe. Das sagen sie zu vielen Mädchen. Und Schneekette. Und sie machen Witze über die Mütter."

„Wie? Sie nennen dich Lesbe? So wie lesbisch?", fragte ihre Mutter erstaunt.

„Ich glaub schon", sagte Melissa. Sie fühlte sich unbehaglich. „Ja, das meinen sie wahrscheinlich."

Ihre Mutter verschluckte sich. „Also die jungen Leute von heute! Ich frage mich, was die sich als Nächstes einfallen lassen."

Ihr Vater lachte. „Das kommt bestimmt vom vielen Fernsehen."

Melissa lachte auch, doch ihr Lachen klang etwas verkrampft. Das hatte ihr nicht weitergeholfen. Sie hatte immer noch keinen Plan. Außer dass sie über Laser und Sara und Kiet lachen sollte. Genau! Das schrieb sie als Erstes auf ihre Liste. Lachen!

Melissa gähnte. Es war schon halb zwölf. Sie überflog die Liste zum x-ten Mal.

1. Lachen
2. Mit den Achseln zucken und lächeln.
3. Lachen
4. Den anderen einen Schwachkopf nennen.

5. „Der Spruch ist doch schon uralt" oder „Ich hasse alte Witze" sagen.
6. Noch mal lachen.

Es sah wirklich gut auf dem Papier aus. Sie döste ein. Doch in ihren Träumen lachte Laser, nicht sie.

Ruby wartete auf dem Mädchenklo auf sie, dem einzigen Platz, an dem sie vor Laser sicher waren.

„Na, wie bist du vorangekommen?", wollte Ruby gleich von Melissa wissen.

„Es geht so. Zuerst hatte ich nur blöde Einfälle und habe die Liste wieder zerrissen. Dann hat meine Mutter von ihrer Schulzeit erzählt. Sie war nämlich mit zwölf schon genauso groß wie jetzt und die anderen Kinder haben sie deswegen immer geärgert."

„Und wie hat sie reagiert?"

„Sie hat einfach gelacht. Und weißt du was? Als ich ihr das von wegen Lesbe erzählt hab, haben meine Eltern auch nur gelacht!"

„Einfach darüber lachen … vielleicht sollten wir das wirklich mal versuchen."

„Na ja, es klingt ganz einfach, aber wenn sie mich absichtlich anrempeln oder mir schreckliche Sachen an den Kopf werfen oder sich über Martin lustig machen, dann wird mein Mund ganz trocken und mir kommen die Tränen. Also, ich weiß einfach nicht, wie ich dann lachen soll."

„Oh Gott, da kommt Sara. Die will bestimmt eine rauchen. Schnell, nichts wie weg hier!", zischte Melissa.

Sara sah sie nicht oder wollte momentan nichts von ihnen. Ruby rannte Melissa hinterher.

„Allzu weit sind wir ja nicht gekommen", meinte Ruby. „Hast du auch einen Plan gemacht?"

„Nein, aber ich habe nachgedacht. Wir könnten ja auch etwas Gemeines antworten, wenn jemand was zu uns sagt, aber dann ist man eigentlich auch nicht besser als die. Verstehst du?"

„Ja, schon. Manchmal finde ich auch, dass Suoo zu weit geht. Aber andererseits, was soll's? Sie fängt schließlich nicht damit an – na ja, fast nie", fügte Melissa hinzu. Ein paar Mal hatte Suoo doch angefangen, aber nur bei Sara und die hatte es nicht anders verdient.

„Kann ich in Mathe neben dir sitzen?", fragte Ruby.

„Klar."

„Du kommst immer so schnell auf die Lösung. Ich meine, in Mathe. Das würde ich auch gern können. Bei uns wurde Mathe irgendwie anders unterrichtet als hier."

„Das kommt dir nur so vor, weil du jetzt eine andere Lehrerin hast. Das gibt sich bestimmt bald. Dann macht es plötzlich Klick in deinem Kopf und du siehst alles ganz klar."

Ruby sah Melissa bewundernd an. „Hoffentlich hast du Recht. Irgendwie fühle ich mich heute schon viel besser als gestern."

„Geht mir genauso", sagte Melissa, während sie sich auf ihre Plätze setzten. Sie fühlte sich für Ruby verantwortlich.

Melissa löste ihre Matheaufgaben wie immer blitzschnell und war als Erste fertig. Sie lächelte Ruby zu, die auf dem Rechenweg feststeckte.

Mrs Karamanolis trat zu Melissa. „Sehr gut, Melissa", sagte sie mit Blick auf ihre Ergebnisse. „Möchtest du nicht Ruby ein bisschen helfen?"

Melissa nickte. Und ob sie das wollte! Sie flüsterte ihr Tipps zu, wie sie die Aufgaben lösen konnte. Dabei beugten sie sich so konzentriert über Rubys Heft, dass sich ihre Köpfe beinahe berührten. Ein Zettel landete neben Ruby auf dem Fußboden. Sie stupste Melissa in die Seite.

„Heb ihn bitte auf und gib ihn mir", flüsterte Melissa.

Mrs Karamanolis beugte sich gerade über das Heft eines anderen Schülers und hatte nichts bemerkt. Ruby reichte

Melissa den Zettel, die ihn ungelesen in ihre Jackentasche steckte. Den Fehler, einen Zettel mitten im Unterricht zu lesen und dann die Nerven zu verlieren, würde sie bestimmt kein zweites Mal machen. Ganz bestimmt nicht. Trotzdem fühlte sie sich bis zum Ende der Stunde ziemlich komisch.

„Willst du den Zettel nicht lesen?", fragte Ruby in der Pause.

„Nein. Ich spüle ihn einfach die Toilette runter", antwortete Melissa.

Doch das tat sie nicht. Sie saß auf dem Klodeckel und las.

Hey, Schneekette vom Lande.

Deine Lesbenfreundin hatte keine Unterhose an, als Laser in sie reingefahren ist. Wahrscheinlich hat sie sie bei ihrem letzten Job in King's Cross vergessen. Fällt dir eigentlich nix Bessres ein, als dir diese Nutte als Freundin auszusuchen? Wenn du nicht aufpasst, kriegst du noch AIDS! Ein gut gemeinter Rat!

Melissa saß regungslos da und starrte auf den Zettel. Ihr Herz flatterte und schlug heftig gegen ihre Rippen. Ihre Augen brannten und ihre Hände zitterten. Sie wusste genau, dass der Zettel von Sara war, obwohl er diesmal mit dem Computer geschrieben war. Sara war nicht besonders gut in Rechtschreibung, Kiet dagegen schon. Kiet hätte nie „nix" statt „nichts" geschrieben. Der Zettel war offensichtlich für Ruby bestimmt gewesen, doch Melissa würde dafür sorgen, dass sie ihn nie zu

Gesicht bekäme. Sie wusste, was eine Nutte war. Das hatte sie schon öfter gehört. Und King's Cross war eine üble Gegend mit Striptease-Shows, in der sich Drogendealer, Kriminelle und andere dunkle Gestalten herumtrieben. Melissa kam plötzlich der Gedanke, dass doch vielleicht Kiet dahinter steckte und sie „nichts" absichtlich falsch geschrieben hatte. Andererseits konnte der Zettel eigentlich von jedem kommen, der hinter ihnen gesessen hatte, und bei diesem Gedanken wurde ihr erst recht übel. Melissa zerriss den Zettel in kleine Papierfetzen und spülte ihn die Toilette hinunter. Und dann noch das mit AIDS. Das bekam man, wenn man mit anderen Drogenabhängigen die Spritze teilte und so. Das wusste sie aus dem Fernsehen.

Melissa hörte eine leise Stimme vor der Tür. Es war Ruby.

„Melissa? Alles in Ordnung mit dir?", flüsterte Ruby.

„Ja. Ich hab nur ein bisschen Bauchweh. Ich komme gleich", antwortete Melissa. Und dann bekam sie tatsächlich Bauchweh. Sie hatte das Gefühl, als würde sich ihr kompletter Mageninhalt verflüssigen. Also dauerte es doch ein bisschen länger.

Allmählich beruhigte sie sich wieder etwas. Ihr Herzschlag verlangsamte sich und ihre Hände hörten auf zu zittern.

Ruby wartete an den Waschbecken auf sie. „Hast du gelesen, was auf dem Zettel stand?"

„Nein", log Melissa und wusch sich die Hände. „Ich muss was Komisches gegessen haben. Ich habe richtige Magenkrämpfe."

„Das hatte ich auch mal. Ich hatte verdorbene Krabben gegessen. Fühlt sich ziemlich schlimm an, was?"

Nicht halb so schlimm, wie wenn jemand behauptet, man hätte keine Unterhosen an, wäre eine Nutte und hätte AIDS, dachte Melissa. Doch sie sagte nichts. Sie wollte Ruby nicht verletzen. Und sie wollte nicht losheulen. Am liebsten wollte sie nach Hause und sich in ihrem Bett verkriechen und nichts mehr hören und sehen.

Die Mittagspause stand Melissa irgendwie durch. Ruby entdeckte Martin und Tien auf einer Bank und schlug vor, sich zu ihnen zu setzen.

„Ich weiß nicht", sagte Melissa. „Dann sitzen wir da wie die Hühner auf der Stange. Die ideale Zielscheibe für Laser."

„Ach, komm schon. Vier gegen einen", sagte Ruby. Also setzten sie sich zu ihnen. Melissa versuchte, die Gedanken an diesen gemeinen Zettel aus ihrem Kopf zu vertreiben, doch

es gelang ihr nicht. Warum hatte sie ihn nur gelesen? Wie dumm von ihr. Jetzt hatte Sara genau das erreicht, was sie wollte. Oder Laser. Nein, es war bestimmt Sara. Oder Kiet. Wenn jetzt noch jemand anfing, auf ihr oder Ruby rumzuhacken, dann …

„Alles okay, Mel?“, fragte Martin.

„Klar“, log Melissa.

„In der Mathestunde hat uns jemand einen Zettel geschickt …“, begann Ruby.

„Aber den hab ich einfach zerrissen und weggeworfen“, fiel ihr Melissa ins Wort. Das stimmte ja. „Ich hab ihn erst gar nicht gelesen.“

„Echt?“, fragte Tien. „Das würde ich nie schaffen. Ich müsste den Zettel einfach lesen.“

„Überlegt doch mal. Habt ihr je einen Zettel von denen bekommen, auf dem was Nettes stand?“

„Nein“, antworteten Martin und Tien im Chor.

„Na also“, sagte Melissa. Sie fühlte sich schon ein bisschen besser. Zumindest stark genug, um den anderen nichts zu sagen. Aber wie sollte sie auch? Sie konnte den Jungs doch unmöglich das mit den Unterhosen, der Nutte und AIDS erzählen.

Martin unterhielt sich mit Ruby über ihre Heimatstadt Wagga. Tien beteiligte sich an dem Gespräch, sodass Melissa ihren traurigen Gedanken nachhängen konnte: Vielleicht sollte sie zu Mrs Selby gehen? Aber was, wenn ihre Eltern mit hineingezogen wurden? Nein, sie vertraute Mrs Selby. Am besten wartete sie erst mal ab. Die Person, von der der Zettel stammte, hatte bestimmt beobachtet, wie sie das Papier in ihre Jackentasche gesteckt hatte, und wusste wahrscheinlich auch, dass sie ihn gelesen hatte. Sie musste sich zusammenreißen und so tun, als würde ihr das, was auf dem Zettel gestanden hatte, überhaupt nichts ausmachen.

Nach der Mittagspause gingen Ruby und Melissa zu den Schließfächern. Rubys Fach war in einer anderen Reihe und Melissa sah sich suchend um, ob Laser, Sara oder Kiet in der Nähe waren.

„Na, was sagt denn deine neue Lesbenfreundin dazu, dass du keine Unterhosen trägst?“, zischte Sara.

Melissa fuhr herum. Also doch Sara.

Melissa schluckte und suchte fieberhaft nach einer schlagfertigen Antwort. Sie wollte sagen: „Ruby fand es sehr lustig“, aber irgendwie kamen ihr die Worte nicht über die Lippen. Melissas Mund war ganz trocken und ihr Herz pochte panisch. Schließlich drehte sie sich wortlos zu ihrem Schließfach um und griff hastig nach ihren Büchern.

„Besonders treu bist du ja nicht, was? Kaum dreht dir Suoo den Rücken zu, schon …“

„Halt die Klappe!" Melissa wunderte sich über sich selbst. „Halt einfach deine dumme Klappe!" Ihr Herzschlag beschleunigte sich noch mehr und sie wollte schnell weggehen, doch Sara stellte ihr den Fuß. Melissa stolperte und flog mitsamt den Büchern der Länge nach hin. Die anderen Schüler an den Schließfächern starrten schweigend zu ihnen herüber und kümmerten sich dann wieder um ihre Sachen.

Melissa richtete sich langsam auf. Sara war verschwunden. Ruby musste was gehört haben, denn sie kam angelaufen und wollte Melissa wieder auf die Beine helfen. Doch Melissa sank kraftlos in sich zusammen und begann zu weinen. Das war's. Morgen würde sie zu Mrs Selby gehen.

„Alles in Ordnung, mein Schatz?", fragte ihre Mutter, als sie sie abholte.

Melissa hätte am liebsten laut losgeschrien. Ständig wurde sie gefragt, ob alles in Ordnung war. Von ihren Lehrern, Eltern. Nichts war in Ordnung!

„Klar, Mum. Ich bin nur ein bisschen müde, das ist alles", log Melissa. Allmählich gewöhnte sie sich ans Lügen. Schade. Früher hatte sie nie gelogen. Aber früher hatte sie auch nie lügen müssen. Immerhin hatte sie Sara Thomas gesagt, sie solle die Klappe halten. Aber was hatte ihr das genutzt? Am Ende hatte sie vor allen auf dem Fußboden gelegen und wie ein Baby geheult. Ruby hatte inzwischen wohl auch kapiert, dass sie nicht cool war, kein bisschen. Ruby hatte sich rührend um sie gekümmert. Sie hatte Melissas Bücher aufgesammelt und ihr ein Taschentuch gegeben.

Beim Abendessen versuchte Melissa sich zusammenzureißen und einen normalen Eindruck zu machen und das gelang ihr auch. Ihre Mutter erzählte etwas von einem Kunden, aber Melissa bekam nur Bruchstücke mit.

„Glaub mir, George, ich hätte ihm am liebsten die Majo ins Gesicht geklatscht! Er fing an mit: ‚Ich hätte gern ein Baguette mit Schinken, Majo, Tomate und Salat. Nein, warten Sie, machen Sie's lieber auf ein Vollkornsandwich mit Pfeffer, aber ohne Salz.' Als ich ihm das gemacht hatte, sagte er: ‚Ach, ich hab's mir anders überlegt. Können Sie die Majonäse noch mal runterkratzen?' Also hab ich die Majo wieder runtergekratzt. Als ich fertig war, hat er über die Theke geschaut und gemeint: ‚Wissen Sie was? Da ist ja immer noch welche drauf. Dann können Sie die Majo ruhig wieder draufmachen. Mein Cholesterinwert wird schon nicht gleich in die Höhe schnellen, wenn ich einmal Majonäse esse.' Dann wollte er noch geraspelte Möhren dazu haben, als ich das Oberteil schon drauf hatte und das Sandwich gerade in der Mitte durchschneiden wollte. Also Oberteil noch mal runter, Möhren drauf. Er meinte, er müsste gelbes Gemüse essen, wegen Vitamin C! Ich hab's einfach nicht über mich gebracht, diesem Idioten zu sagen, dass Möhren orange und nicht gelb sind!"

Melissas Vater lachte. Melissa lachte auch mit, obwohl sie das, was sie mitbekommen hatte, überhaupt nicht komisch fand. Sie hatte im Moment wirklich andere Sorgen. Aber sie war froh, dass ihre Eltern fröhlich waren. Sie fragte sich, wie wohl Saras und Lasers Eltern waren. Wahrscheinlich schrecklich. Nette Leute konnten unmöglich Kinder wie Laser und Sara großziehen. Oder doch? Sie grübelte eine Weile lang

darüber nach, während sie mit ihrem Apfelstrudel herumspielte.

„Mum, können wir morgen früher losfahren?"

„Schon wieder? Klar, mein Schatz. Dann kann ich in aller Ruhe die Salate vorbereiten. Du gehst wohl wieder gern in die Schule, was?"

„Ruby ist echt nett. Sie kommt auch immer so früh, weil ihr Vater sie in die Schule mitnimmt", log Melissa erneut.

Ruby kam gar nicht früh in die Schule, aber es stimmte, dass ihr Vater sie hinbrachte. Damit beruhigte Melissa ihr schlechtes Gewissen. Sie hasste es, ihre Eltern anzulügen, aber sie musste unbedingt früher in die Schule, um mit Mrs Selby einen Termin auszumachen. Sie musste endlich etwas unternehmen, um die Situation in den Griff zu bekommen.

Melissa hatte eine schreckliche Nacht. Sie träumte, sie würde bei einer Versammlung vor der ganzen Schule stehen und hätte keine Unterhosen an. Ihr Rock flatterte ständig bis zur Hüfte hoch. Sie versuchte verzweifelt, ihn mit ihren Händen unten zu halten. Alles, was sie sah, war ein Meer von lachenden Gesichtern, selbst Ruby, Suoo, Martin und Tien lachten. Die Wände waren mit Graffiti voll gesprüht mit Sachen wie MELISSA HAT AIDS und MELISSA IST EINE NUTTE und MELISSA HAT KEINE UNTERHOSE AN. Das Gelächter wurde immer lauter und gerade als ihr Rock hochflog, obwohl sie ihn mit beiden Händen festhielt, wachte sie schweißgebadet und keuchend auf.

Eine Weile lang lag sie einfach nur da, versuchte tief

durchzuatmen und zur Besinnung zu kommen. Es war nur ein Traum gewesen. Sara schrieb diese blöden Sachen und sie hatte während des Abendessens daran denken müssen. Deshalb waren sie noch in ihrem Unterbewusstsein. Das hatten sie mal in Biologie durchgenommen – oder war es in Englisch? Oder hatte sie es irgendwo gelesen? War auch egal. Jedenfalls fühlte sie sich noch ganz benommen. Melissa sah auf den Wecker neben ihrem Bett. Halb sieben. Sie blieb noch einen Moment zusammengerollt liegen, dann stand sie auf, duschte und zog sich an. Sie war viel zu früh dran.

Ihre Mutter war ziemlich überrascht, als sie Melissa mit einem Glas Milch in der Hand in der Küche antraf. „Du hast's aber eilig! Alles okay?"

Jetzt geht das schon wieder los, stöhnte Melissa innerlich. Sie nickte. Nicken war nicht ganz so schlimm, wie die Lüge laut auszusprechen. In letzter Zeit hatte sie genug gelogen.

Auf dem Weg zur Schule plapperte ihre Mutter munter drauflos. Sie hatte es wirklich gut. Alles, worüber sie sich ärgern musste, waren Typen, die sich nicht entscheiden konnten, was sie auf ihr Sandwich haben wollten.

Melissa ging rasch zu Mrs Selbys Büro. Ja, sie war da! Sie klopfte und Mrs Selby öffnete die Tür.

„Melissa! Komm rein."

Mrs Selby bedeutete Melissa sich zu setzen. Melissa war schrecklich nervös, doch sie wusste, dass sie mit jemandem sprechen musste, und alle sagten, dass man Mrs Selby hundert Prozent vertrauen konnte.

„Willst du eine Tasse Tee?", fragte die Psychologin. „Ich habe gerade eine Kanne voll gemacht."

Melissa nickte lächelnd und wärmte ihre kalten, zittrigen Hände an der warmen Tasse.

„Also, was kann ich für dich tun, Mel?", fragte Mrs Selby lächelnd.

Melissa spürte, wie ihr Mund trocken wurde. Sie nippte an ihrem Tee. Das half. Mrs Selby wartete geduldig. Dann sprudelten die Worte nur so aus ihr heraus. Sie nannte keine Namen, aber erzählte Mrs Selby von den Zetteln. Dass man sie Lesbe, Schneekette und Nutte nannte. Sie erzählte ihr von der Behauptung, sie hätte keine Unterhosen an. Sie erzählte von dem Zettel an Ruby, in dem stand, dass sie sich bei ihr mit AIDS anstecken würde, dass sie den Zettel zerrissen und in die Toilette geworfen hatte. Sie erzählte, dass Suoo sie beschützte und dass sie sie vermisste. Und dass sie selbst versucht hatte, Ruby zu beschützen, das aber nicht geschafft hatte.

Mrs Selby nippte an ihrem Tee und hörte schweigend zu.

Als Melissa fertig war, holte sie tief Luft und fühlte sich schon viel besser. Sie wünschte, Mrs Selby würde etwas sagen. Ihr Blick fiel auf die Wand, an der ein Foto von einem Hund hing. Einem Collie.

Mrs Selby drehte sich um und sah sich ebenfalls das Bild an. „Ist er nicht süß? Das ist mein Hund. Wetten, dass du nie rätst, wie er heißt?", sagte sie lächelnd.

„Natürlich nicht, wie sollte ich auch. Jess? In unserer Straße gibt es drei Hunde, die alle Jess heißen."

„Es ist ein Männchen. Nein, er heißt nicht Jess. Der Name ist ziemlich ausgefallen. „Er heißt ‚Komm her'!"

„‚Komm her'? Ach, jetzt verstehe ich." Melissa kicherte. „Hey, das ist wirklich cool!"

„Das finde ich auch. Ich rufe einfach nur ‚Komm her' und schon kommt er!"

Melissa fühlte sich schon viel entspannter.

„Sag mal, Melissa. Hast du schon mal mit deinen Eltern über das alles gesprochen?"

„Na ja, nicht alles. Ich hab erzählt, dass in unserer Schule manche Kinder geärgert werden. Und meine Mutter meinte, dass sie früher auch gehänselt wurde, weil sie so groß und dünn war."

„Und was haben sie gesagt, als du ihnen von dir erzählt hast?"

„Ich … ich hab ihnen nicht richtig von mir erzählt. Nur das mit der Lesbe … Und wissen Sie was? Sie haben einfach nur gelacht!"

„Da haben sie Recht", erklärte Mrs Selby lächelnd. „Weißt

du, es ist so dumm, dieses Wort als Schimpfwort zu benutzen, da kann man wirklich nur drüber lachen. Hast du das schon mal versucht?"

„Nein. Ich würde ja gern darüber lachen, aber es geht nicht. Ich krieg weiche Knie. Manchmal wird mir richtig schlecht und mein Herz schlägt wie verrückt. Und mein Mund wird trocken … und ich muss weinen."

Melissa hätte am liebsten losgeheult, beherrschte sich aber.

„Hmmmm. Wahrscheinlich willst du mir nicht sagen, wer dich tyrannisiert?"

„Lieber nicht", flüsterte Melissa.

„Das kann ich verstehen." Mrs Selby sah auf die Uhr. „Melissa, ich hab noch einen anderen Termin, bevor der Unterricht beginnt. Könntest du um, sagen wir, halb eins noch mal kommen? Du kannst ruhig dein Mittagessen mitbringen."

Melissa nickte. Dann fiel ihr Ruby ein. Aber Ruby war ja auch ohne sie zurechtgekommen, bevor sie sich angefreundet hatten. Vielleicht hackten die anderen ja nur deshalb auf Ruby herum, weil sie sich mit Melissa abgab. Vielleicht war sie an diesem schrecklichen Zettel schuld. Ja, Ruby würde bestimmt ohne sie klarkommen. Vielleicht sogar besser. Melissa konnte es kaum abwarten, bis es halb eins war.

Als Melissa zu den Schließfächern kam, sah sie, wie Laser etwas zu Martin sagte. Sie schnappte sich rasch ihre Sachen und verzog sich, ehe sie mit hineingezogen wurde.

In der Pause erzählte sie Ruby von Mrs Selby. Ruby sagte, sie würde auch gern mitkommen, doch Melissa meinte, sie sollte besser am nächsten Tag allein hingehen. Sie kam sich zwar egoistisch vor, aber sie wollte erst einmal ihre eigenen Probleme lösen, ehe sie Ruby half, vorausgesetzt, Ruby brauchte ihre Hilfe überhaupt. Je mehr sie darüber nachdachte, desto mehr gelangte sie zu der Überzeugung, dass Sara bloß deswegen auf Ruby losging, weil diese Melissas neue Freundin war.

Ruby wollte die Mittagspause in der Bibliothek verbringen. Melissa eilte zum Büro von Mrs Selby und war um Punkt halb eins dort.

„Noch eine Tasse Tee?", fragte die Psychologin.

Melissa nickte und packte ihr Sandwich aus. Mrs Selby hatte einen Jogurt und einen Apfel vor sich. Melissa knabberte an ihrem Käse-Tomaten-Sandwich. Eine Weile lang aßen sie schweigend. Sie konnte es kaum abwarten, dass Mrs Selby etwas sagen würde, doch sie musste sich gedulden, bis die Psychologin ihren Jogurt gegessen hatte.

„Also, Melissa. Ich hab fast den ganzen Morgen über dich nachgedacht." Melissa errötete. „Nach dem, was du mir erzählt hast, glaube ich nicht, dass du auf dieses dumme Mobbing verbal reagieren kannst."

„Verbal reagieren?", wiederholte Melissa, denn sie verstand gar nichts mehr.

„Das heißt, dass du nicht mit Worten reagieren kannst. Du zeigst starke körperliche Reaktionen. Dein Mund wird trocken, dein Herzschlag beschleunigt sich, dir wird schlecht … Ich kann mir nicht vorstellen, dass du mit einer schlagfertigen

Antwort reagieren würdest, selbst wenn dir sofort eine einfallen würde.

„Das stimmt. Da haben Sie Recht“, seufzte Melissa. „Hab ich Ihnen schon von meinen Träumen erzählt?“

„Nein“, sagte Mrs Selby und biss in ihren Apfel. „Schieß los.“

Melissa erzählte ihr alles.

„Das ist völlig normal. Du machst dir so viele Gedanken über das Ganze, dass du natürlich davon träumst. Ich träume auch von Dingen, die ich tagsüber erlebt habe.“

„Aber was soll ich denn tun? Laser … oh … ich wollte seinen Namen nicht nennen!“

„Ich habe mir schon gedacht, dass er mit dabei ist. Eine Menge Schüler beschwert sich bei mir über Laser Fuller.“

„Und Sie sagen es niemandem?“

„Natürlich nicht, Melissa. Pass mal auf, ich hab eine Idee.“

„Ja?“, sagte Melissa gespannt und hob eine Tomatenscheibe vom Boden auf, die ihr heruntergefallen war.

„Beim nächsten Mal, wenn dich Laser oder jemand anderes ärgert oder tyrannisiert, dann lächle einfach.“

„Ich soll lächeln?“

„Ja. Das kannst du doch. Nimm dir vor zu lächeln. Lächle ihn einfach an.“

„Oh Gott, aber ich hasse es, in sein dummes Gesicht zu sehen."

„Du musst einfach nur lächeln. Und dann kannst du ja wegsehen. Andere Schüler haben das auch schon ausprobiert. Wenn du es schaffst, haut ihn das wirklich um. Verstehst du? Wenn du das tust, dann denkt er, dass er dich nicht ärgert. Versuch es mal?"

Melissa dachte einen Augenblick nach. „Okay, ich versuch's", antwortete sie.

„Weißt du, es wird immer Menschen geben, denen es Spaß macht, andere zu verletzen. Später im Beruf gibt es die auch. Die Methoden sind ein wenig anders als in der Schule, aber Mobbing gibt es überall. Das Leben ist leider so. Wenn du das Gefühl hast, dass dir keine passende Antwort einfällt, und wir beide wissen, dass es dir oft so geht, dann musst du einen anderen Weg finden. Und glaub mir: Wenn du lächelst, das haut sie wirklich um."

Das klang alles so einfach.

„Vielen Dank, Mrs Selby. Ich werde es versuchen. Ganz bestimmt."

„Und dann erzählst du mir, ob es funktioniert hat, versprochen?"

„Versprochen", erklärte Melissa lächelnd.

Laser wartete hinter der Treppe. Er beobachtete, wie Melissa aus Mrs Selbys Büro kam, und flitzte dann zur Bibliothek, wo er Ruby und Martin in einer der Computernischen gesehen hatte.

„Hey, Arschgesicht", zischte er Martin zu. „Hab gerade deine Billignutte gesehen. Sie hat dich verpfiffen, weil du ihre neue Lesbenfreundin ausgespannt hast, das Land-Ei neben dir." Er deutete auf Ruby.

Ruby und Martin starteten ein Computerprogramm und ignorierten ihn.

„Kannst dich wohl nicht so richtig entscheiden, was du willst, du armselige Schwuchtel!"

Martin spürte, wie sein Gesicht feuerrot wurde, und hoffte, dass die anderen Schüler im Raum Laser nicht hören konnten. Der Computer vor ihnen stürzte ab. Ruby und Martin starrten auf den schwarzen Bildschirm.

„Wart's nur ab, du Warmduscher. Du kriegst schon noch, was du verdienst", zischte Laser und verschwand.

Martins Lippen bebten. So ein Idiot! Vor Martins geistigem Auge zogen alle möglichen Rachepläne vorbei. Rubys

Schultern zitterten. Oh, bitte nicht. Martin wollte nicht, dass sie weinte.

In diesem Zustand fand Melissa die beiden verängstigten Gestalten in einer Computernische. Sie hatte Laser nicht gesehen.

„Hey, was ist denn mit euch los?" Doch sie konnte sich schon denken, was passiert war.

„Dieser blöde Laser! Du hättest hören sollen, was er zu Martin gesagt hat", schniefte Ruby und wischte sich die Tränen ab.

Das Gespräch mit Mrs Selby hatte Melissa neuen Mut gegeben. „Passt mal auf, ich war gerade bei Mrs Selby und sie hat gesagt ..."

„Laser hat lauter schreckliche Sachen gesagt. Er hat gesagt, Martin wäre eine ..." Ruby schniefte vernehmlich.

Melissas neu gewonnener Mut schrumpfte zusammen. Sie zog einen Stuhl heran und setzte sich zu ihnen. „Wisst ihr, was Mrs Selby gesagt hat?"

„Nein, was denn?", fragte Martin.

Melissa erzählte ihnen alles. Dass sie einfach nur lächeln sollten. Martin und Ruby fanden diese Strategie nicht gerade überzeugend.

„Aber wir könnten es doch wenigstens mal versuchen!"

„Warum nicht?", sagte Ruby. „Hast du ihr von Sara erzählt?"

„Nein. Das heißt, ich hab ihr nicht gesagt, dass es Sara war. Aber ich finde, wir sollten es einfach mal versuchen. Wenn uns das nächste Mal jemand dumm kommt, dann lächeln wir einfach und gehen weiter."

„Versuchen können wir's ja mal", sagte Ruby mit dumpfer Stimme.

„Okay, versuchen wir's", nickte Martin.

Laser versetzte der Katze einen Fußtritt und ließ sich in den Wohnzimmersessel fallen.

Langweilig. Alles war so langweilig. Außer diese Heulsuse Melissa auf die Palme zu bringen oder diese Schwuchtel Martin. Aber das war ja auch nicht besonders schwer. Er brauchte unbedingt ein neues Opfer. Die Neue. Das Land-Ei. Genau. Die war zwar noch keine Streberin wie Melissa, aber wenn er sich nicht bald um sie kümmerte, würde sie es bestimmt noch werden.

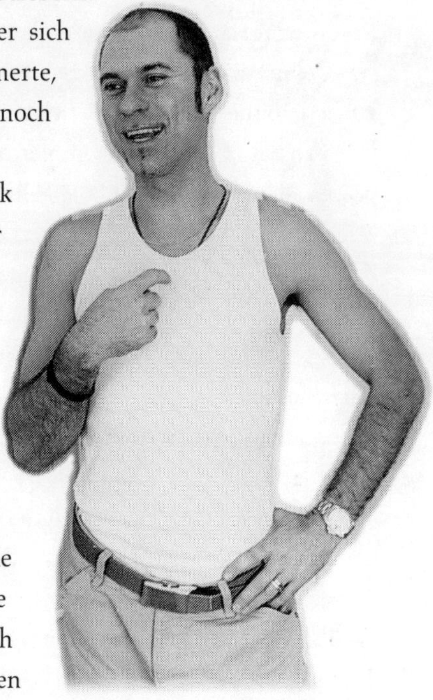

Sein Vater gab lautstark damit an, wie er ein paar Typen auf der Arbeit zur Schnecke gemacht hatte. Wofür genau war Laser nicht so ganz klar. Jedenfalls war das etwas, was sein Vater gut konnte: Leute fertig machen. Hoffentlich würde er auch mal so stark wie sein Vater werden. Doch ein Blick auf die gewaltigen

Muskeln seines Vaters und seine eigenen dünnen Arme genügte, um zu wissen, dass er sich was anderes einfallen lassen musste, um sich Respekt zu verschaffen. Vielleicht ein Messer, wenn er sich eins leisten konnte. Dann würden die anderen Schüler schon vor ihm kuschen.

Und eines Tages würde sein Vater stolz auf ihn sein und ihn nicht mehr einen „Vollidioten" nennen. Er würde es schon schaffen, er war schließlich kein Schwachkopf, wie ihn diese schwarze Kuh immer nannte. Er fragte sich, wo sie eigentlich die letzten Tage gesteckt hatte. Nicht dass es ihn wirklich interessierte. Die machte bloß Ärger.

Lasers Mutter kam mit drei Alutellern hereingeschlurft. Mal wieder was vom Chinesen.

„Wenn diese Schlitzaugen auch sonst nichts können, kochen können sie", sagte er zu seiner Mutter.

„Von denen gibt's hier immer mehr. Wenn wir nich' aufpassen, wird das hier bald die gelbe Invasion", brummte sein Vater. „Aber stimmt, kochen können sie. Jedenfalls besser als deine blöde Mutter."

Laser nickte und schaufelte sich Reis in den Mund. Von einer Invasion hatte er noch nichts gemerkt, aber sein Vater hatte immer Recht. Er wusste eine Menge. Eines Tages würde Laser auch so viel wissen. Er konnte eine Menge von seinem Vater lernen.

Und eines Tages würde er ihm zeigen, was für einen großartigen Sohn er hatte. Und er würde diese armseligen Schneeketten so einschüchtern, dass sie zu ihm aufsehen würden. So ähnlich wie die Jesus-Anhänger, die im Einkaufszentrum herumhingen. Die erzählten doch immer was von einem

Gott, der sie bestrafen würde, und wie sehr sie ihn verehrten oder so.

Laser stopfte sich noch eine Frühlingsrolle in den Mund und fühlte sich irgendwie glücklich. Im Moment lief es gut. Man würde ihn fürchten und verehren. Eine geniale Kombination! Er brauchte keine Freunde. Nur Schwächlinge brauchten Freunde.

„Ich brauche niemanden!“, rief Laser und stieß die Faust in die Luft.

Lasers Mutter zuckte zusammen und verschüttete etwas von ihrem Wein. Sein Vater machte noch ein Bier auf und

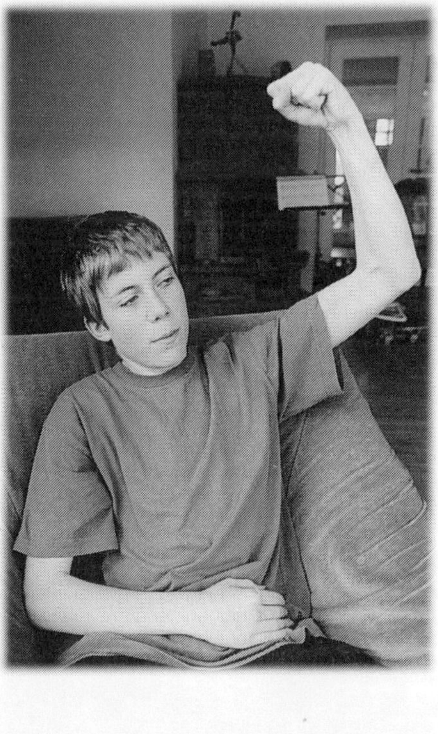

brüllte: „Spinnst du jetzt völlig? Was redest du denn da für 'n Blödsinn?"

„Schon gut, Dad. Ich denke gerade an meine Zukunft", erklärte Laser grinsend. „In der Schule wimmelt es nur so von Klugscheißern. Aber denen zeig ich's schon, keine Angst. Sie werden Laser Fuller nie vergessen, so lange sie leben!"

„So ist's recht, mein Sohn. Aber keine Scherereien, verstanden?"

„Schon klar", erklärte Laser grinsend.

Melissa kaute gedankenverloren auf ihrem Bleistift herum und starrte in ihr Biologieheft. Sie konnte sich nicht auf ihre Hausaufgaben konzentrieren. Lächeln! Sie musste lächeln. Wut stieg in ihr hoch. Ständig kreisten ihre Gedanken um diese blöden Mobbing-Geschichten. Dabei machten ihr nicht nur die Vorfälle selbst zu schaffen, sondern auch die Angst, die sie jedes Mal überkam, sobald sie Laser, Sara oder Kiet über den Weg lief. Manchmal ignorierten sie ihre Opfer einfach. Das war genau das Problem. Man wusste nie, wann sie zuschlagen würden.

Nach dem Gespräch mit Mrs Selby hatte sie sich viel besser gefühlt. Doch in Sozialkunde tuschelten ihre Mitschüler. Sie hörte ihren und Rubys Namen. Sie wagte nicht, sich umzudrehen. Sie konzentrierte sich weiter auf ihre Aufgaben oder tat zumindest so. Sie vergrub den Kopf in den Händen. Warum ausgerechnet sie? Stimmte etwas nicht mit ihr? Warum hatte Sara das nach der Schule zu ihr gesagt? Sie hatte doch nur vor der Schule auf ihre Mutter gewartet. Sara hatte sich an ihr vorbeigedrängelt und sie dabei in den Arm gezwickt. Es hatte nicht besonders wehgetan, weil sie ihre Jacke angehabt hatte. Aber warum? Was hatte sie Sara getan? Es war so schnell gegangen, dass sie gar nicht dazu gekommen war, es mit lächeln zu versuchen. Sara hatte sie gezwickt und gemurmelt: „Na, Püppchen" und war weitergegangen, während Melissa ihr mit hochroten Wangen wütend hinterherstarrte. Doch wütend war sie vor allem auf sich selbst.

Als ihre Mutter vorfuhr, ließ sie sich nichts anmerken und hörte sich die neuesten Geschichten aus dem Delikatessenladen an. Ihre Mutter hatte eine auseinander gebrochene Quiche aus dem Laden mitgebracht und überlegte laut, welches Gemüse sie zum Abendessen dazu machen sollte. Melissa jedoch war der Appetit vergangen. Und das alles wegen so einer bescheuerten Bemerkung von Sara. Melissa musste sich unbedingt zusammenreißen. Sie sagte laut: „Ich lasse mich nicht unterkriegen!"

Was hatte Mrs Selby gesagt? Solche Idioten gab es überall, später im Beruf, überall. Sie musste *jetzt* lernen, damit fertig zu werden. Sie wollte so gern ein schönes Leben haben, glücklich sein wie ihre Eltern und einen interessanten Beruf ausüben. Vielleicht etwas mit Mathe oder Computer. Und deshalb musste sie sich auf die Schule konzentrieren und durfte sich nicht von diesen Idioten ablenken lassen.

Sie dachte an die letzten Wochen zurück. Was war sie doch für ein Schwächling gewesen. Sie hatte geheult wie ein Baby, hatte sich dumm anmachen lassen, war von diesem Fiesling Laser umgefahren worden, hatte wieder geheult ...

„Wie wär's mit einer Tasse warmer Milch?", rief ihre Mutter durch die Tür. „Oder lieber eine heiße Schokolade?"

„Eine heiße Schokolade wäre toll. Danke, Mum", antwortete Melissa.

Als ihre Mutter wenig später mit der dampfenden Tasse in der Hand in ihr Zimmer trat, hatte sich Melissa wieder einigermaßen gefasst. Sie hatte wirklich Glück, solche Eltern zu haben. Zu Hause fühlte sie sich sicher und geborgen.

„Na, schwer am Arbeiten?", fragte ihre Mutter und setzte sich auf die Bettkante.

„Na ja, geht so. Ist gar nicht so einfach, sich die ganze Zeit zu konzentrieren."

„Wem sagst du das! Gerade heute hat mein Chef zu mir gesagt: ‚Rosie, wo sind Sie denn wieder mit Ihren Gedanken!' Ich hab nämlich einem Kunden ein Schinkensandwich mit scharfem anstatt mildem Senf gegeben und der hat einen Riesenhustenanfall gekriegt! Aber soll ich dir mal was sagen", erklärte ihre Mutter kichernd. „Geschieht ihm recht. Der Typ ist nämlich ein richtiger Schleimer."

Melissa nippte an ihrer Schokolade und lächelte. Diesen Ausdruck hatte sie noch nie von ihrer Mutter gehört. Es klang irgendwie fremd.

„Ein Schleimer? Warum das denn?"

„Also, eigentlich bist du dafür noch zu jung, aber ich erzähl dir's trotzdem. Weißt du, ihm gefallen meine Beine. Behauptet er zumindest. Er beugt sich zu mir über die Theke und sagt: ‚Na, mal wieder im Fitness-Studio gewesen, was? Diese Wadenmuskeln sehen ziemlich stramm aus.' Und er mag es, wenn ich mich weit vorbeugen muss, um an einen der Salate zu kommen, damit er mir ein bisschen in den Ausschnitt schielen kann. Er sieht aber nichts, da passe ich schon auf. Aber weißt du, ich platziere die Füllungen jedes Mal anders und er möchte immer den Salat, der am weitesten weg steht, damit ich mich weit vorbeugen muss. Dieser alte, fette Glatzkopf ist wirklich zum Schreien!"

Melissa sah ihre Mutter ungläubig an. „Macht dir das denn nichts aus?"

„Um Gottes willen, nein, warum denn auch? Ich habe doch noch wirklich schöne Beine und eine ganz gute Figur für mein Alter. Warum sollte es mir etwas ausmachen, wenn ich jemandem gefalle?"

„Und was sagt Dad dazu?"

Ihre Mutter lachte.

„Was der dazu sagt? Manche Sachen wie das mit dem Senf heute sind ja ganz lustig. Aber weißt du, so was passiert jeden Tag. Ich kann ihm schließlich nicht jede Kleinigkeit erzählen. Man darf im Leben nicht alles so ernst nehmen, Mel!"

„Aber der Typ sollte dich respektieren und keine Bemerkungen über dein Aussehen machen."

„Ach was, schließlich wirft er mir ja nicht irgendwelche Beleidigungen an den Kopf, wie das deine Mitschüler gegenseitig machen."

„Und was würdest du tun, wenn er ‚Lesbe' zu dir sagen würde? Wie würdest du reagieren? Würdest du es deinem Chef erzählen?"

„Quatsch. Mein Chef ist strohdumm und hat keinen Sinn für Humor. Tja, wie würde ich reagieren? Wahrscheinlich würde ich lachen und sagen: ‚Wissen Sie, mein Mann ist da anderer Meinung, also sagen Sie ihm bloß nichts davon.' Oder: ‚Das macht richtig Spaß, das kann ich nur weiterempfehlen!'" Melissas Mutter kicherte. „Aber ich will dich jetzt nicht länger von der Arbeit abhalten. Der Typ würde mich nie eine Lesbe nennen. Und wenn schon? Sei nicht immer so ernst, mein Schatz. Tut mir Leid, dass ich dich gestört habe. Schließlich wollen wir alle, dass du in der Schule erfolgreich bist und nicht in so einem Laden landest wie ich."

„Dein Job ist doch okay, Mum", erklärte Melissa lächelnd.

„Ja, aber bei dieser Arbeit muss man kaum seine grauen Zellen benutzen – nicht dass ich so viele davon hätte …"

Melissa sah ihrer Mutter nach.

„Mum, du bist die Beste", rief sie ihr hinterher.

Ihre Mutter streckte noch einmal den Kopf zur Tür herein. Ihre roten Haare standen in alle Richtungen ab.

„Ich weiß!", erklärte sie.

Warum konnte sie nicht auch ein bisschen wie ihre Mutter sein, fragte sich Melissa. Nur ein bisschen.

Donnerstag. Nur noch heute und morgen und dann ist Suoo wieder da, dachte Melissa auf dem Weg zur Schule. Lächeln. Sie musste lächeln!

Ihre Mutter trällerte einen Song und Melissa bekam ebenfalls Lust zu singen, allerdings nur ganz leise. Melissa hatte schon lange nicht mehr laut gesungen. Selbst in der Musikstunde bewegte sie meist nur die Lippen. Eigentlich komisch, dachte sie, während ihre Mutter lauthals zu einem Lied im Radio mitsang.

Auf dem Weg zu den Schließfächern fühlte sich Melissa erstaunlich beschwingt. Martin und ein paar andere Schüler standen herum. Melissa peilte blitzschnell die Lage. Kein Laser. Sehr gut. Sie begann, ihre Bücher aus dem Schließfach zu holen. Da sie Ruby nirgends entdecken konnte, machte sie sich auf den Weg ins Klassenzimmer. Martin begleitete sie. Seine Augen waren wässrig und gerötet.

„Alles in Ordnung mit dir?", flüsterte Melissa.

„Geht schon", flüsterte Martin zurück.

Sie setzte sich auf ihren Platz und kurz darauf setzte sich Ruby neben sie.

„Was ist denn mit Martin los?", fragte sie Ruby.

Ruby drehte sich nach ihm um. „Keine Ahnung. Ich bin

heute zu spät gekommen, weil mein Vater eine Reifenpanne gehabt hat. Vergiss nicht: lächeln!"

Melissa lächelte. Sie hatte es nicht vergessen.

Mitten im Sozialkundeunterricht landete ein Zettel auf ihrem Tisch. Ruby sah ihn, noch ehe Melissa ihn einstecken konnte.

Diesmal, dachte Melissa, würde sie ihn nicht lesen. Ganz bestimmt nicht.

Aber Ruby war nicht die Einzige, die den gesehen hatte. Am Ende der Stunde tauche Miss Sardi neben Melissas Tisch auf. Melissa sammelte gerade ihre Sachen ein und stand auf.

„Melissa", sagte Miss Sardi leise. „Was ist denn da vorhin auf deinem Tisch gelandet?"

Melissa lächelte. „Ach, das war ein Papierflugzeug. Nichts Wichtiges."

„Die habe ich früher auch oft gebastelt. Darf ich mal sehen?"

Ruby stand auf und beobachtete die Szene schweigend. Die anderen Schüler verließen den Raum.

„Aber es ist doch nur ein harmloses Papierflugzeug."

„Dann kannst du es mir ja ruhig zeigen", erklärte Miss Sardi lächelnd.

Sie lächelten um die Wette.

Melissas Gesichtsmuskeln taten schon weh. „Wenn Sie meinen", sagte sie und spürte, wie sich ihr Herzschlag beschleunigte.

Was wohl auf diesem Zettel stand? Der war bestimmt wieder von Sara. Zuerst Mrs Karamanolis und jetzt Miss Sardi. Das hörte wohl nie auf.

Melissa reichte Miss Sardi den Zettel. Den Inhalt konnte sie sich ungefähr vorstellen. Dann hastete sie aus dem Zimmer. Ruby folgte ihr.

Melissa war völlig am Ende. Nicht zu wissen, was auf dem Zettel stand, von wem er war und was Miss Sardi jetzt wohl unternehmen würde, machte sie völlig fertig. Würde sie die Sache einfach auf sich beruhen lassen, so wie Mrs Karamanolis? Würde sie zu Mr Pearce gehen? Oder ihre Eltern anrufen?

Miss Sardi tat nichts von alledem. Sie ließ sich mit einer Tasse Kaffee in der Hand auf ihren Platz im Lehrerzimmer fallen und freute sich, als ihre befreundete Kollegin sich zu ihr setzte.

„Na, viel zu tun, Edwina?"

„Und ob, wie immer! Ich muss wirklich verrückt gewesen sein, als ich diese psychologische Weiterbildung zur Beratungslehrerin gemacht habe, Beverly."

„Ach was, ist doch besser als unterrichten, oder nicht?"

„Ich weiß nicht. Früher habe ich unterrichtet, abends noch ein paar Klassenarbeiten korrigiert, dann die Sachen weggelegt und mir mit Pete einen schönen Abend gemacht. Aber jetzt kann ich nicht mehr abschalten. Manchmal fühle ich mich so machtlos, weil ich einigen Schülern einfach nicht helfen kann. Sie müssen lernen, sich selbst zu helfen. Ich versuche zwar, ihnen den Weg zu zeigen, aber …"

„Da fällt mir gerade ein. Schau mal der Zettel hier, der ist heute auf Melissas Tisch gelandet. Kennst du Melissa Walsh?"

Mrs Selby richtete sich auf und griff nach dem Zettel, den ihre Freundin ausbreitete. „Ja, ich kenne Melissa. Was steht denn drin?"

Sie glätteten das Papier und lasen.

Hey, kleine Nutte. Wie wär's, wenn du dir auf dem Babystrich ein bisschen Geld verdienen würdest? Dann kannst du dir endlich mal bessere Schneeketten leisten! Teil dir doch einfach einen Platz mit dem warmen Martin. Miss Perfect vermisst wohl ihre Lesbenfreundin Black Beauty.

Edwina sah ihre Kollegin an. „Verstehst du jetzt, was ich meine. Das ist alles so krank. Die arme Melissa. Wenigstens bekommt sie diesen Zettel hier nicht zu Gesicht. Sie kann sich nicht wehren. Vielleicht später einmal. Sie ist nicht selbstbewusst und frech genug, aber ich kann ihr auch nicht geben, was ihr fehlt. Sie war vor kurzem mal bei mir und ich hab mein Bestes versucht. Kennst du ihre Eltern?"

„Ja. Laser hat sie letzte Woche auf seinen Inlines angefahren. Danach ist ihre Mutter in die Schule gekommen. Sie scheint sehr nett zu sein.

„Mmmmm. Melissa will nicht, dass ihre Eltern etwas erfahren. Was für ein Job! Dieser Laser Fuller macht mir Kopfzerbrechen und Sara Thomas. Die haben auch Probleme. Mir reicht's wirklich. Manchmal wird mir das alles zu viel."

„Hey, Edwina, denk doch mal an die armen hungernden Kinder in Afrika!"

„Ich weiß, ich weiß. Aber mit denen werde ich nicht jeden Tag konfrontiert. Aber mit den Kids hier in Sydney schon.

Wenn ich denen nicht einmal helfen kann, wie soll ich dann den Kindern in Afrika helfen? Obwohl Pete und ich ein paar Patenschaften übernommen haben. Aber das hier macht mich manchmal fertig. Ich meine, dieser verdammte Zettel von Sara Thomas? Was soll ich dagegen unternehmen? Die Situation für Melissa noch schlimmer machen? Ich muss gehen. Ich hab noch einen Termin mit einer Schülerin. Was für ein Leben!"

Beverly Sardi blickte ihrer Freundin nach. Ja, was für ein Leben. Für einige Schüler. Sie zerknüllte den Zettel und warf ihn in den Papierkorb.

In der Mittagspause trafen sich Melissa und Ruby wie üblich mit Martin und Tien auf ihrer Bank. Ruby erzählte den Jungs von dem Zettel.

„Der war bestimmt wieder von Sara", sagte Melissa.

„Oder von meiner Schwester", murmelte Tien.

„Von deiner Schwester? Ach, von Kiet. Bis jetzt hat sie mir noch nie einen geschickt. Aber weißt du was, Tien? Ich kann nicht glauben, dass sie deine Schwester ist."

„Geht mir genauso", sagte Tien. „Aber sie ist es leider."

„Wie ist sie denn bei euch zu Hause?"

„Eigentlich ganz normal. Sie führt sich nur in der Schule so auf."

„Und warum sagst du nichts zu ihr?"

„Hab ich ja. Schon x-mal. Als sie angefangen hat, mit Schimpfwörtern um sich zu werfen. Hat aber nichts genützt. Sie meinte, die anderen hätten damit angefangen. Völlig bescheuert. Wenn sie wenigstens nur auf denen herumtrampeln würde, die sie nerven. Aber inzwischen hab ich's aufgegeben mit ihr zu reden. Sie ist ein hoffnungsloser Fall."

„Wahrscheinlich ist es nur ein verzweifelter Versuch, sich selbst zu schützen", mutmaßte Ruby.

„Sei bloß nicht so verständnisvoll. Sie schikaniert andere Schüler und das ist eine Schweinerei! Was heißt hier ‚sich selbst schützen', wenn sie auf *mir* herumtrampelt?", rief Melissa wütend.

„Dann kommt sie sich stark vor. Wenn andere Schüler das mitkriegen, lassen sie sie vielleicht in Ruhe. Vielleicht deshalb", entgegnete Ruby.

„Wahrscheinlich hast du Recht", murmelte Tien. „Aber mich nennen sie Schlitzauge und Schlimmeres. Und ich laufe auch nicht herum und bezeichne andere Schüler als Arschgesicht."

„Deshalb hast du auch Freunde", sagte Melissa. „Ich meine, wer mag schon Laser Fuller? Oder Sara?"

„Oder meine Schwester", fügte Tien hinzu.

„Genau. Die können einem wirklich Leid tun", sagte Ruby.

„Mensch, Ruby. Die haben im Himmel bestimmt schon einen Platz für dich reserviert. Sind in Wagga alle so nett wie du?", fragte Melissa.

„Natürlich", erklärte Ruby lächelnd. „Sogar noch netter. Das kommt von der frischen Landluft."

Alle lachten. Aber nicht lange. Laser schlenderte langsam auf sie zu, den Mund wie immer zu einem schiefen Grinsen verzogen.

„Hey, Schneekettenkönigin, hab gehört, du hast heute einen Liebesbrief gekriegt", sagte er zu Melissa.

„Na und?" Melissa war über sich selbst überrascht.

„Hast du deinen Freunden auch erzählt, was dringestanden hat? Deine Sex-Geschichten behältst du wohl lieber für dich, was?"

Melissa biss die Zähne zusammen und lächelte. Ihr Blick war auf Martin und Ruby und Tien gerichtet. Sie brachte es einfach nicht über sich, Laser ins Gesicht zu sehen. Ihre Freunde lächelten ebenfalls.

„Ihr drei habt bestimmt keinen Schimmer, wo sich Miss Perfect nachts herumtreibt", zischte Laser.

Melissa lächelte immer noch, aber es fiel ihr immer schwerer. Ihr Mund wurde langsam trocken. Sie musste sich zusammenreißen. Sie waren vier gegen einen. Diesmal würde er es nicht schaffen! Ihr Lächeln erstarb.

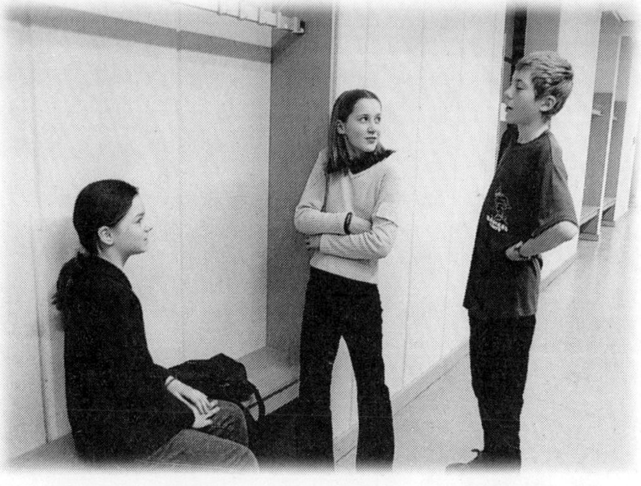

„Sie geht auf den Babystrich, nicht war, kleine Nutte! Und ihre Mutter passt schön auf sie auf. Die kriegt nämlich immer ihren Anteil ab. He, Land-Ei, weißt du schon, warum Martins Mutter flach wie 'n Tischtuch ist?“

Melissa fuhr sich mit der Zunge über ihre trockenen Lippen und schaffte es, etwas zu sagen. „Verzieh dich endlich. Du erzählst immer die selben alten Witze“, sagte sie heiser.

„Und lass meine Mutter in Ruhe!“, fügte Martin zu seiner eigenen Überraschung hinzu.

„Da hat mir deine Mutter letzte Nacht aber was ganz anderes ins Ohr geflüstert“, entgegnete Laser triumphierend.

Melissa sah Martin an. Er zitterte. Jetzt lächelte nur noch Laser.

Dann meldete sich plötzlich Ruby mit wackliger Stimme zu Wort. „Du bist echt krank, Laser Fuller, aber das weißt du ja. Du solltest lieber den Mund halten!“

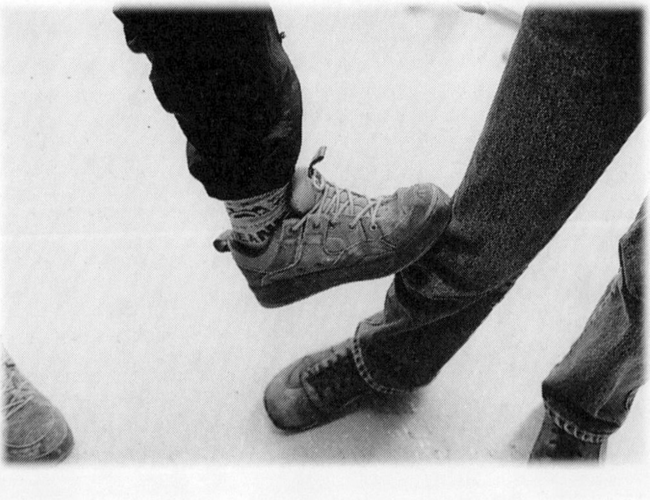

Melissa war überrascht. Jetzt lächelte sie wieder. Laser trat Ruby mit voller Wucht gegen das Bein. Sie schrie vor Schmerz auf.

„Du Schwein!", stieß Tien zwischen den Zähnen hervor.

Doch Laser war längst weg. Dafür tauchte Mr Pearce auf.

Er warf einen Blick auf die vier und dann auf Laser, der sich hastig aus dem Staub machte. Ruby rieb sich das Schienbein und weinte leise. Martin zitterte immer noch und Melissa machte ein Gesicht, als würde sie jeden Moment in Tränen ausbrechen. Tien saß da und kochte vor Wut.

„Ich hab gesehen, wie dich Laser getreten hat, Ruby. Um den kümmere ich mich später. Hey, was macht ihr denn für Gesichter! Kopf hoch!", sagte Mr Pearce und ging vor ihnen in die Hocke.

„Er ... er hat so gemeine Sachen über Martins Mutter gesagt", schniefte Ruby.

„Was denn für Sachen?", hakte Mr Pearce nach.

„Ach, nur Schwachsinn. Nichts Wichtiges", sagte Martin.

„Passt mal auf. Ich kümmere mich noch heute Nachmittag um Fuller. Aber ihr müsst mir schon sagen, was er gesagt hat." Keiner sagte etwas. „Versteht ihr denn nicht?" Mr Pearce stand wieder auf. „Wenn ihr mir nichts sagt, kann ich auch nichts gegen ihn unternehmen!"

„Wissen Sie, Mr Pearce, dieser Typ ist einfach ein solcher Idiot", sagte Ruby. „Da können Sie auch nichts dagegen machen."

„Wenn ihr euch diese dummen Sprüche bloß nicht so zu

Herzen nehmen würdet. Abgesehen davon, dass er dich getreten hat, Ruby. Wollt ihr vielleicht mit Mrs Selby sprechen?"

„Da war ich schon", flüsterte Melissa. „Sie hat mir geraten, einfach zu lächeln."

„Zu lächeln? Aha. Na, dann versucht's doch mal."

„Haben wir ja. Aber es hat nicht funktioniert. Er hat Ruby getreten."

„Warum? Hast du etwas zu ihm gesagt, Ruby?"

„Ähm. Ich glaub schon. Aber ich weiß nicht mehr genau was."

„Du hast gesagt, er soll lieber die Klappe halten", sagte Melissa und musste unwillkürlich kichern.

Mr Pearce unterdrückte ein Grinsen. „Na, das war doch gar nicht schlecht. Ich muss jetzt gehen. Also vergesst nicht, was Mrs Selby gesagt hat: Immer schön lächeln!"

Sie blickten ihm hinterher. Keiner lächelte.

Am nächsten Morgen kreuzte Sara plötzlich neben Melissa bei den Schließfächern auf.

„Das hast du ja toll hingekriegt, du alte Petze. Wegen dir hat Laser einen Tag Schulausschluss bekommen. Sei froh, dass du mich gestern nicht auch verpetzt hast, sonst könntest du jetzt was erleben!"

Und weg war sie. Melissa blickte ihr schweigend nach. Der Zettel war also doch von ihr gewesen. Ihr Herz machte vor Glück einen Hüpfer. Laser kam einen Tag nicht in die Schule! Und am Montag war Suoo wieder zurück. Jetzt musste sie nur noch den heutigen Tag durchstehen. Das würde sie schon schaffen, trotz ihres Traumes von letzter Nacht. Sie überlegte kurz, ob sie zu Mrs Selby gehen und ihr von ihrem Traum erzählen sollte, beschloss aber, es lieber zu lassen. Dann würde sie ihr nämlich mehr erzählen müssen, als sie wollte. Das von Martins und ihrer eigenen Mutter und das konnte sie unmöglich tun.

In der ersten Stunde dachte sie über ihren Traum nach und bekam kaum mit, worüber Mr Pearce sprach.

In ihrem Traum standen ihre und Martins Mutter (die sie zwar noch nie gesehen hatte, aber im Traum hatte sie gewusst, dass es seine Mutter war) an einer Straßenecke und waren in kaltes Neonlicht getaucht. Sie wusste auch, dass es King's Cross war, obwohl sie noch nie in ihrem Leben dort gewesen war. Sie hatte nur mal einen Bericht im Fernsehen darüber gesehen. Beide trugen kurze, enge Röcke. Melissa war auch da, aber sie wusste nicht mehr, was sie angehabt hatte. Sie beobachtete die beiden. Ein Mann – eine Art erwachsener Laser mit spitzem Gesicht und schiefem Grinsen – trat zu ihnen. Martins Mutter ging mit ihm irgendwo hin. Melissas Mutter folgte ihnen, allerdings trug sie jetzt plötzlich ihre gelbe Uniform mit Blutflecken drauf. Vielleicht war es auch nur Tomatensoße. Jedenfalls hatte die Uniform rote Flecken. Melissa wollte ihr etwas zurufen, um sie zu warnen. Sie wusste zwar nicht wovor, aber sie hatte schreckliche Angst und wollte einfach nur um Hilfe rufen, ohne zu wissen warum. In diesem Moment war sie schweißgebadet aufgewacht.

Sie zwickte sich in den Arm und versuchte nicht mehr an den verwirrenden, schrecklichen Traum zu denken.

Mr Pearce sprach immer noch über Mobbing und wie

wichtig es war, dass die Schüler ihren Lehrern und Eltern davon erzählten, wenn sie davon betroffen waren. Immer die gleiche alte Leier.

Allmählich verblasste die Erinnerung an den Traum und Melissa fiel wieder ein, dass Laser heute nicht in die Schule kommen würde. Es war ein guter Tag. Die Mittagspause verbrachte sie mit Ruby am Computer in der Bibliothek.

„Weißt du was? Dass du Laser gesagt hast, er soll lieber die Klappe halten, hat mir gut gefallen", sagte sie Ruby.

„Mir auch! Ich hab mich über mich selbst gewundert. Immerhin war ich kurz davor loszuheulen."

„Ich hab dir doch heute Morgen erzählt, dass Laser heute nicht in die Schule kommt?"

„Hmmm."

„Und am Montag ist Suoo wieder da! Du wirst sie bestimmt auch mögen. In Wagga gibt es bestimmt keine Schüler aus Somalia, oder?"

„Ich glaub nicht. Dafür sind bei uns Aborigines auf der Schule. Hier hab ich noch keine gesehen."

„Auf dieser Schule hier gibt es keine Aborigines. Kennst du welche?"

„Klar. Mirry war meine beste Freundin. Sie kann superschnell laufen. Wir schreiben uns regelmäßig."

„Ist sie bei euch wegen ihrer Hautfarbe diskriminiert worden?"

„Nein. Das heißt doch … ein paar Jungs haben ab und zu blöde Bemerkungen gemacht. Unsere Lehrer haben das immer kritisiert. Solche Idioten gibt es überall. Weißt du, es war wirklich eine komische Woche, aber jetzt, wo ich mich mit dir,

Martin und Tien angefreundet habe, macht es mir nicht mehr so viel aus, hier in Sydney zu wohnen."

Melissa platzte beinahe vor Stolz.

„Na also. Weißt du was? Komm mich doch am Wochenende besuchen, sagen wir am Samstagnachmittag. Wir könnten ein bisschen Mathe zusammen üben. Dad schaut da immer Football im Fernsehen und meine Mutter legt sich meistens hin. Vielleicht kann dich ja dein Vater bei uns absetzen?"

Ruby war von der Idee begeistert und Melissa gab ihr ihre Adresse.

„Sagen wir so um zwei? Wer weiß, vielleicht backt meine Mutter sogar einen Kuchen oder bringt was Leckeres aus dem Feinkostladen mit."

„Ich freu mich schon", erklärte Ruby lächelnd.

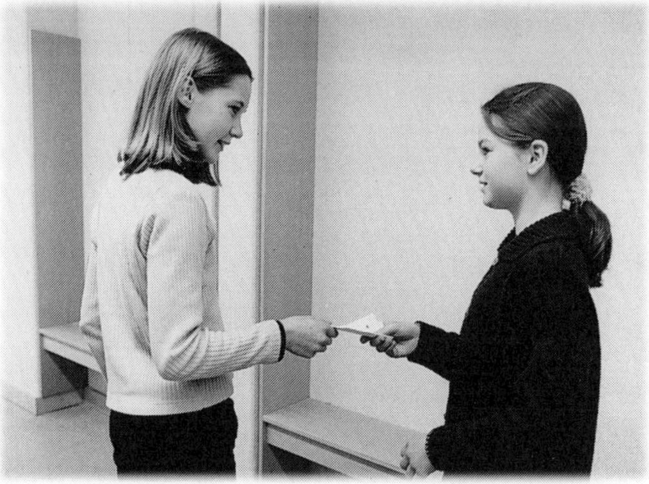

Melissas Mutter freute sich sehr über den bevorstehenden Besuch von Ruby.

„Bis jetzt hast du immer nur Suoo mit nach Hause gebracht. Suoo ist wirklich sehr nett. Wann kommt sie eigentlich wieder zurück?"

„Irgendwann am Wochenende", erklärte Melissa lächelnd. „Jetzt habe ich zwei Freundinnen."

„Das freut mich für dich, mein Schatz. Ich back euch auf jeden Fall noch einen Kuchen. Wenn ich das gewusst hätte, hätte ich was aus dem Laden mitgebracht. Stell dir vor, heute war dieser komische Typ wieder da, weißt du, der, von dem ich dir erzählt habe. Der immer meine Beine anstarrt und so. Diesmal hab ich die Sardinen ganz nach vorne in die Theke gestellt. Ich hätte wetten können, dass er Sardinen bestellen würde. Und genau so war es auch! Ich hatte mir aber einen Zettel in den Ausschnitt gesteckt, auf dem stand ‚Zutritt für Unbefugte verboten'. Der Zettel war nicht zu übersehen. Jedenfalls hat er plötzlich doch etwas anderes bestellt … Na, was sagst du dazu?"

„Nicht schlecht, Mum", erklärte Melissa lächelnd. „Dem hast du es ganz schön gezeigt!"

„Und wie läuft's bei dir in der Schule? Keine dummen Bemerkungen mehr?"

„Nein", log Melissa.

„Na also. So was kommt überall vor. Manchmal frage ich mich, ob diese Typen, die solche Gemeinheiten von sich geben, das aus Bosheit tun oder einfach nur dumm sind. Was meinst du?"

Darüber hatte Melissa noch nie nachgedacht. Ihre Mutter

klang genauso vernünftig wie Mrs Selby. Und wie sie mit diesen komischen Typen zurecht kam! Beneidenswert!

Als das Auto von Rubys Vater vor ihrem Haus hielt, saß Melissas Vater vor dem Fernseher und schaute sich ein Footballspiel an. Melissa befürchtete schon, er würde nicht einmal aufstehen, um Rubys Vater zu begrüßen. Football war ihm heilig.

Als es klingelte, öffnete Melissa mit ihrer Mutter die Haustür.

„Hallo, kommen Sie doch einen Moment rein", sagte ihre Mutter zu Rubys Vater, der etwas unsicher wirkte.

Ruby sah wirklich toll aus. Sie trug Jeans und einen ausgewaschenen Kapuzenpullover. So einen hätte Melissa auch gern.

„Hier lang", sagte Melissas Mutter. „Sie müssen entschuldigen, mein Mann George schaut gerade Football. George! GEORGE!"

Melissas Vater trat in die Wohnzimmertür und schüttelte Rubys Vater die Hand.

„Hallo. Tut mir Leid, es ist gerade so spannend. Mögen Sie Football?"

„Hallo, ich bin Matthew. Und Sie sind wohl George? Ich sehe mir nur meine Lieblingsmannschaft an. Also, Ruby, ich hol dich um fünf wieder ab, einverstanden?"

Aus dem Wohnzimmer drang entsetztes Raunen. „Das war aber knapp!", stöhnte Melissas Vater.

„Das ist ja St. George, meine Lieblingsmannschaft!", sagte Rubys Vater. „Sagen Sie, könnte ich mir das Spiel vielleicht hier ansehen? Meine Frau hasst nämlich Football."

Melissa und Ruby traten zu ihren Vätern ins Wohnzimmer. Die beiden Männer setzten sich, ohne sie weiter zu beachten.

„Warum geht ihr zwei nicht einfach in Melissas Zimmer? Ich bring euch dann den Kuchen nach oben. Wollt ihr eine heiße Schokolade oder lieber Orangensaft?", fragte Melissas Mutter.

„Ich mag beides gern", sagte Ruby. „Ich freue mich wirklich sehr, dass ich heute zu Ihnen kommen durfte."

„Wir freuen uns auch sehr über deinen Besuch", erwiderte Melissas Mutter.

Die beiden Väter verfolgten gespannt das Spiel und jubelten, als ihre Mannschaft gewann. Danach tranken sie gemeinsam Tee.

Meinen Mittagsschlaf kann ich abhaken, dachte Melissas Mutter bei sich. Trotzdem freute sie sich, die beiden Mädchen mit heißer Schokolade und Kuchen verwöhnen zu können. Es war schön, Leute im Haus zu haben. Das Telefon klingelte.

„Mel, kannst du drangehen? Ich bin gerade in der Küche beschäftigt."

„Klar", rief Melissa und lief zum Telefon im Schlafzimmer ihrer Eltern. Das war bestimmt Suoo. „Hallo", meldete sie sich etwas atemlos. Sie hatte Suoo so viel zu erzählen.

„Hey, Lesbe. Hab gestern den ganzen Tag super viel Spaß gehabt und Computer gespielt. Danke nochmals."

Melissa hielt entsetzt den Atem an. Ihr Pulsschlag beschleunigte sich. Laser. Er rief bei ihr zu Hause an. Laser! Sie schleuderte den Hörer auf die Gabel.

„Wer war denn dran?", rief ihre Mutter von unten.

„Ach, da hat sich nur jemand verwählt."

Von wegen. Sie ging in ihr Zimmer zu Ruby zurück. Von wegen verwählt.

Als Ruby Melissas Gesichtsausdruck sah, wusste sie sofort, dass etwas nicht stimmte.

„Was hast du denn, Melissa?"

„Das war Laser. Er hat hier angerufen! Ich hab meiner Mutter gesagt, da hätte sich jemand verwählt. Was ist, wenn er wieder anruft und meine Mutter drangeht?"

„Wahrscheinlich legt er sofort wieder auf, wenn jemand anderes dran ist", mutmaßte Ruby.

„So was Bescheuertes! Das hat er noch nie gemacht!"

„Was hat er denn gesagt?"

„Er hat mich wieder ‚Lesbe' genannt. Ich kann überhaupt nicht mehr klar denken. Ich könnte ihn umbringen!"

Melissas Mutter trat mit einem Tablett mit Kuchen und heißer Schokolade ins Zimmer.

„So, ihr zwei", erklärte sie lächelnd und setzte das Tablett ab. „Heute braucht ihr nicht auf eure schlanke Linie zu achten."

„Danke, Mrs Walsh", sagte Ruby lächelnd. „Das sieht aber lecker aus."

„Meine Mutter hat immer gesagt: ‚Fünf Minuten auf den Lippen und ein Leben lang auf den Hüften'", sagte Melissas Mutter. „Aber seht mich an: dünn wie ein Streichholz! Dabei nasche ich den ganzen Tag bei der Arbeit. Mel, was machst du für ein Gesicht? Komm schon, schenk uns ein Lächeln!"

Melissa lächelte und ihre Mutter tänzelte singend aus dem Zimmer. Ruby kicherte.

„Deine Mutter ist echt klasse. Die lässt sich bestimmt nicht so leicht unterkriegen."

„Allerdings. Ich wünschte, ich wäre auch ein bisschen wie sie. Sie würde es Laser zeigen."

Das Telefon klingelte erneut. Melissa und Ruby erstarrten und lauschten angespannt. Es klingelte dreimal.

Melissas Mutter benutzte auch das Telefon im Schlafzimmer, genau wie Melissa vorher.

„Hallo? Melissa? Nein, ich bin ihre Mutter. Warte, ich ruf sie. Melissa! Es ist für dich", rief ihre Mutter. „Am besten gehst du hier im Schlafzimmer dran. Im Flur verstehst du bestimmt nichts wegen des Fernsehers."

„Komm mit", flüsterte Melissa Ruby zu. „Diesmal lass ich mich nicht von ihm fertig machen!", flüsterte Melissa entschlossen.

Sie griff nach dem Hörer. Ihre Hände zitterten.

„Hallo?"

„Deine Mutter klingt ja wie 'ne Nutte!", brüllte Laser ins Telefon.

Melissa holte tief Luft. Sie konnte es an Rubys Gesichtsausdruck ablesen, dass sie es auch gehört hatte. Er hatte es so laut ins Telefon gebrüllt, dass sie sich fragte, ob ihre Mutter es auch mitbekommen hatte.

Na schön. Diesmal schafft er es nicht, sagte sie zu sich selbst.

„Oh, vielen Dank", flötete Melissa. „Ich werd's ihr ausrichten. Darüber wird sie sich bestimmt freuen."

Ruby lächelte und Melissas Hand hörte auf zu zittern. Laser schwieg.

„Ich muss jetzt Schluss machen", fuhr Melissa fort. „Du würdest bestimmt noch gern ein bisschen telefonieren, aber ich hab jetzt wirklich keine Zeit. Schönen Tag noch." Dann legte sie auf.

„Das hast du super gemacht, Mel! Ehrlich!", erklärte Ruby glucksend.

„Ja, nicht wahr?", kicherte Melissa. „Das muss ich unbedingt Suoo erzählen!"

„Wer war das denn, Melissa?", rief ihre Mutter aus der Küche.

„Ach, nur ein Junge aus meiner Klasse, der wissen wollte, welche Hausaufgaben wir aufhaben. Er war gestern nicht in der Schule."

„Wie schön, dass ein paar Schüler die Schule noch so ernst nehmen", rief ihre Mutter zurück. „Wenn ihr noch mehr Kuchen wollt, dann sagt Bescheid!"

Ruby und Melissa rannten in Melissas Zimmer zurück und fielen über den Kuchen her, bis nur noch Krümel übrig waren.

„Mum, wir brauchen bitte noch etwas Nachschub!", rief Melissa übermütig.

Die beiden Mädchen ließen sich auf Melissas Bett fallen und verschluckten sich beinahe vor lauter Lachen.

„Ich hab's geschafft!", jubelte Melissa. Sie hatte sich noch nie in ihrem Leben so gut gefühlt.

Als das Footballspiel zu Ende war, gingen Melissa und Ruby enttäuscht nach unten. Wenn es nach ihnen gegangen wäre, hätte der Nachmittag noch ewig weitergehen können.

„Ihr seid mir vielleicht zwei übermütige Kichererbsen", erklärte Melissas Vater lächelnd. „Bei eurem Gegackere konnten wir ja kaum noch den Kommentator hören!"

„Jetzt müssen wir wirklich fahren", erklärte Rubys Vater entschieden.

„Vielen Dank für den schönen Nachmittag", sagte Ruby zu Melissas Eltern.

„Du kannst uns jederzeit wieder besuchen", erklärte Melissas Mutter lächelnd.

Sie verabschiedeten sich voneinander und Melissa stand an der Tür und winkte dem Wagen hinterher. In diesem Moment klingelte wieder das Telefon.

„Ich geh dran!", rief Melissa hastig. Sie war auf alles gefasst. „Hallo!"

Es war Suoo.

„Oh, Suoo! Wie schön, dass du wieder da bist! Ich muss dir ja so viel erzählen. Aber jetzt kann ich gerade nicht reden. Ich ruf dich später noch mal an. Wie war's in Queensland?"

Suoo erzählte ihr alle möglichen Ferienerlebnisse, aber Melissa hörte nur mit halbem Ohr zu. Sie konnte es kaum abwarten, Suoo von ihren Erlebnissen zu berichten.

„Du klingst richtig gut! Dann kann's ja in der Schule ohne mich nicht so schlimm gewesen sein", stellte Suoo fest.

„Na ja, hätte besser sein können. Aber warte erst, bis ich dir erzählt habe, was ich zu Laser Fuller gesagt hab!"

„Du? Kompliment, Mel! Weißt du was, ich geh jetzt in mein Zimmer und pack meine Sachen aus. Ruf mich an, sobald du reden kannst, okay?"

„Darauf kannst du dich verlassen!", erklärte Melissa vergnügt.

„Du klingst irgendwie ... anders", bemerkte Suoo.

„Stimmt! Also, bis später", sagte Melissa und legte auf.

Melissas Mutter hatte sich umgezogen. Sie trug das blaue Kleid mit den Gänseblümchen, das Melissa besonders an ihr mochte.

„Hör mal, Mel. Dad und ich fahren bei Margo und Tom auf einen Drink vorbei. Hast du Lust mitzukommen? Wir bleiben auch bestimmt nicht lange."

„Nein danke. Ich will nachher noch Suoo zurückrufen und ein paar Sachen für die Schule erledigen."

„Wie du willst. Wir bringen dann auf dem Rückweg Pizza zum Abendessen mit. Willst du die gleiche wie immer?"

„Hmm. Schinken und Ananas", erklärte Melissa fröhlich.

„Wie kann man so was nur essen. Ananas auf einer Pizza! Igittigitt!"

Melissa lächelte. Manchmal redete ihre Mutter wie ein Teenager.

„Genauso wenig wie ich nie verstehen werde, dass Dad und du die mexikanische mit der scharfen Salami und den Peperoni drauf essen könnt!"

Melissa konnte es kaum erwarten, bis ihre Eltern aus dem Haus waren. Kaum waren sie gegangen, stürzte sie zum Telefon und wählte Suoos Nummer.

„Du rätst nie, was ich heute Mittag zu Laser am Telefon gesagt habe. Ich war so cool! Du wärst bestimmt stolz auf mich gewesen", sprudelte sie los.

Sie erzählte Suoo alles, was in dieser Woche passiert war: von dem Zettel, von Mrs Selby, von Laser und Sara, wie die beiden Ruby, Martin, Tien und sie schikaniert hatten. Sie hörte überhaupt nicht mehr auf zu reden.

„Wusste ich doch, dass du das kannst, Mel! Hoffentlich bleibt das auch so", sagte Suoo. „Von Angesicht zu Angesicht ist es wahrscheinlich nicht so leicht wie am Telefon."

„Kann schon sein. Im Moment fühle ich mich jedenfalls großartig."

Und dieses Gefühl hielt bis Montagmorgen an. Melissa löste ihre Matheaufgaben mit links, schrieb einen Aufsatz über Recycling, verschlang heißhungrig das sonntägliche Mittagessen, probierte alle möglichen neuen Frisuren aus und lackierte sich sogar die Fingernägel mit farblosem Nagellack, lauter Sachen, die sie schon immer mal machen wollte. Sie fragte sich, ob Martin wohl auffallen würde, dass sie ihre Haare anders trug und sich die Nägel lackiert hatte. Auf dem Weg zur Schule sang sie sogar mit ihrer Mutter mit, so gut fühlte sie sich.

Suoo wartete schon vor der Schule auf sie. „Hallo!", rief sie. „Hallo, Mel!"

„Suoo!", schrie Mel zurück und fiel ihrer Freundin um den Hals.

„Schau mal, wie braun ich geworden bin", rief Suoo grinsend.

Lachend und hüpfend machten sie sich auf den Weg zu den Schließfächern.

Es war fast wie früher. Vor Laser und Sara und Kiet, dachte Melissa glücklich.

Ruby stand neben den Schließfächern und schrubbte an der Wand herum. Neben ihr standen Becky und Mai Lai und schrubbten ebenfalls. Melissa spähte ihnen neugierig über die Schulter, um zu sehen, was sie da unbedingt abwischen wollten. Es sah aus wie ein Kreuzworträtsel. In den Kästchen ohne Buchstaben waren Kreuze. Melissa blinzelte und versuchte zu entziffern, was über den Kästchen mit den Kreuzen stand. Die drei hatten zwar schon ziemlich viel von der Farbe abbekommen, aber man konnte die Worte immer noch lesen. Als Melissa den Text las, begann ihr Herz wie wild zu klopfen und ihr Mund wurde ganz trocken. Plötzlich hatte sie wieder den Geschmack von dem Rührei im Mund, das sie zum Frühstück gegessen hatte. Sie starrte auf die Wand.

Hier ankreuzen wer denkt, dass die Mutter von Melissa Walsh eine Nutte ist.

„Laser. Laser Fuller", sagte Melissa tonlos und drehte sich zu Suoo um. „Ich hab dir doch erzählt, dass er meine Mutter eine Nutte genannt hat. Das kann nur Laser gewesen sein."

„Klar war er das. Und alle Kreuze sehen genau gleich aus! Also hat er sie alle gemacht."

„Oh, Mel. Wir haben versucht es abzuwischen", wimmerte Ruby.

„Ich hole Mr Pearce", sagte Suoo. „Wischt bloß nichts mehr weg." Sie rannte davon.

Melissa starrte wortlos auf die Wand und versuchte den bitteren Geschmack in ihrem Mund zu ignorieren. Wie viele Schüler das wohl schon gelesen hatten? Das über ihre Mutter. Ihre allerliebste Mum!

„Hör mal, Mel. Wir alle wissen, dass das Schwachsinn ist. Eine gemeine Lüge. Versuch an Samstag zu denken, was du da gesagt hast!“, flehte Ruby.

„Denk an deine Mutter“, sagte Mai Lai. „Sei ihr zuliebe stark. Wir alle wissen, dass das, was Fuller da gemacht hat, total fies und gemein ist. So ein Idiot! Hey, da kommt ja Mr Pearce.“

„Es war Laser Fuller“, sagte Ruby. „Er hat am Samstag bei Mel zu Hause angerufen, als ich bei ihr war, und da hat er ihre Mutter auch schon so genannt.“

„Und ich hab gesehen, wie er weggelaufen ist“, sagte Becky. „Wir wissen genau, dass er es war. Was machen Sie jetzt mit ihm?“

Mr Pearce sah Melissa an, die mit den Tränen kämpfte.

„Melissa, mach dir nichts draus“, sagte Mr Pearce und legte den Arm um ihre Schulter. „Wer so was macht, ist krank. Wir alle wissen, dass das eine gemeine Lüge ist. Und glaub mir, dafür wird Laser Fuller teuer bezahlen.“

Melissa schluckte und blinzelte die Tränen weg. „Mr Pearce, ich … ich will allein damit fertig werden. Ich will nicht, dass meine Mutter was davon erfährt. Bitte! Ich will das allein hinkriegen. Das ist wichtig für mich. Bitte.“

„Ich werde den Hausmeister bitten, die Wand zu streichen“, sagte Mr Pearce. „So und jetzt ab in den Unterricht mit euch!“ Er tätschelte Melissas Arm.

Melissa begann mechanisch ihre Bücher aus dem Fach zu holen. Ihr gingen tausend Sachen durch den Kopf. Sie würde die erste Stunde ausfallen lassen und stattdessen zu Mrs Selby gehen. Sie schaffte es, sich unbemerkt wegzuschleichen, als

Ruby und Suoo ihre Bücher aus ihren Fächern holten. Sie rannte zu Mrs Selbys Büro. Die Tür war verschlossen. Melissa ließ sich auf einen Stuhl im Korridor fallen. In ihrem Kopf drehte sich alles. Sie versuchte tief durchzuatmen und nachzudenken. Sie hatte keine Ahnung, wie lange sie dort saß.

Plötzlich stand Mrs Selby vor ihr. „Melissa! Ich habe gerade mit Mr Pearce gesprochen. Ich hab gehofft, dass du zu mir kommen würdest. Komm rein", sagte sie und schloss die Tür auf. „Ich könnte eine Tasse Tee vertragen. Du bestimmt auch."

Melissa atmete erleichtert auf und folgte Mrs Selby in ihr Büro.

„Dann hat Ihnen Mr Pearce schon alles erzählt? Das mit der Wand und den Kreuzen?"

„Ja, hat er. Eigentlich müsste man drüber lachen, weil es so kindisch und dumm ist. Aber es ist nicht wirklich komisch, was?"

Melissa dachte einen Moment lang nach. „Nein, eigentlich ist es ziemlich … traurig."

„Traurig?"

„Ja. Kann ich Ihnen von Samstag erzählen? Da war Ruby bei mir zu Besuch. Das neue Mädchen aus Wagga. Na ja und da hat Laser bei uns angerufen."

Und dann erzählte sie, was Laser am Telefon zu ihr gesagt hatte. Und wie sie reagiert hatte.

„Ich hab mich so stark und so gut gefühlt. Wie Suoo. Und heute Morgen hab ich wieder voll versagt.

„Das passiert uns allen ab und zu, Melissa. Hier ist dein Tee."

„Danke. Ihr Job muss schrecklich sein. Ständig müssen Sie sich mit Leuten abgeben, die Hilfe oder Rat brauchen. Das würde mir total auf die Nerven gehen."

Melissa war überrascht, dass sie so was überhaupt zu einer Lehrerin sagte.

„Tja, manchmal macht es Spaß und manchmal nicht", sagte Mrs Selby.

„Spaß? Wann denn?"

„Na ja. Wenn ich das Gefühl habe, jemandem geholfen zu haben. Das kommt aber leider nicht allzu oft vor. Trotzdem hoffe ich, dass die Schüler das Gefühl haben, dass sie mit mir reden können. Das ist auch schon was."

„Allerdings", nickte Melissa und nippte nachdenklich an ihrem Tee.

Sie tranken schweigend aus ihren Tassen.

„Wissen Sie", sagte Melissa nach einer Weile. „Ich würde diese Sache gern allein geregelt kriegen. Ich hab auch schon eine Idee wie. Vielleicht ist die Idee ja doof. Wollen Sie sie hören?"

„Klar", sagte Mrs Selby. „Schieß los."

„Ich hab mal gelesen, dass man solche Leute wie Laser Fuller früher gesellschaftlich geächtet hat. Das heißt, keiner hat mit ihnen geredet. Das ist ein bisschen so wie die Strategie mit dem Lächeln. Sie haben doch gesagt, das würde diese Typen davon abbringen. Und ich hab mir gedacht, wenn niemand mit Laser Fuller sprechen würde … also überhaupt keiner auf ihn reagiert, dann gibt er es vielleicht auf."

Melissa blickte Mrs Selby ins Gesicht.

„Ist nur so eine Idee … ein Gedanke", sagte sie.

„Die Idee ist wirklich gut. Aber wie sagen wir es den anderen? Das ist gar nicht so einfach. Wir können es ja schlecht über Lautsprecher machen."

„Nein, natürlich nicht. Aber ich kann es meinen Freunden sagen. Allerdings sind da noch Sara und Kiet …" Melissa hatte ihre Namen eigentlich gar nicht sagen wollen. „Na ja, jedenfalls ist es ein bisschen wie das mit dem Lächeln. Wissen Sie, Mrs Selby, Ruby und Mai Lai und Becky haben versucht, das von Laser wegzuwischen, bevor ich es sehe. Ich bin wirklich froh, dass ich so gute Freunde habe. Darüber habe ich vorher nie nachgedacht. Wissen Sie was? Ich schaffe das schon, ehrlich. Ich lass mich doch nicht von so einem Blödmann unterkriegen!"

Mrs Selby lächelte. „Das klingt doch schon gut."

„Sie haben mir wirklich sehr geholfen. Vielen Dank!"

Mrs Selby lächelte wehmütig, als Melissa die Tür hinter sich schloss. Nein, das hatte sie nicht. Nicht wirklich. Sie hatte nur zugehört. Aber genau das genügte bei manchen Schülern schon.

In der Englischstunde setzte sich Melissa auf ihren Platz neben Suoo.

„Wo warst du denn vorhin?", fragte Suoo.

„Bei Mrs Selby. Psst."

„Laser hat eine Woche Schulausschluss bekommen. Zu schade, dass du das verpasst hast", flüsterte Suoo.

„Dann kommt mein genialer Plan eben erst nächste Woche zum Einsatz", flüsterte Melissa zurück.

Mr Pearce sprach über das Buch *Herr der Fliegen,* aber Melissa bekam kaum was davon mit. In Gedanken plante sie Lasers Vernichtung.

Vor der Mathestunde schlich Sara zu ihr. „Heute Morgen hab ich das von deiner Mutter gesehen. Zu dumm, dass schon alles angekreuzt war!"

Melissa blickte einfach geradeaus und schwieg.

„Hey, Suoo! Wieder aus dem Dschungel zurück?", zischte Sara.

„Hmm. Hab dort deine Verwandten getroffen, allerdings sehen die Affen dort viel besser aus als du", zischte Suoo zurück. „Ich soll dir schöne Grüße von ihnen ausrichten. Sie wollen wissen, wann du endlich zu ihnen kommst. Sie vermissen dich!"

Die gute Suoo, dachte Melissa. Warum fiel *ihr* nie so eine Antwort ein?

In der Pause erzählten ihr Ruby und Suoo von der ersten Stunde. Mr Pearce hatte Laser nach vorne kommen lassen und ihm einen einwöchigen Schulausschluss verpasst. Den Grund dafür hatte er allerdings nicht genannt und Melissa fiel ein Stein vom Herzen.

Ein paar Schüler hatten applaudiert, als sie Lasers Strafe gehört hatten.

Komischerweise konnte sich Melissa darüber nicht so recht freuen. Klar, sie hasste Laser wie die Pest. Trotzdem musste es ein schreckliches Gefühl für ihn gewesen sein, als die anderen geklatscht hatten. War sie eigentlich noch zu retten? Und was war mit den Sachen, die er über ihre Mutter geschrieben hatte? Der Gedanke daran genügte, um jeden Anflug von Mitleid mit Laser zu ersticken.

Nach diesem schrecklichen Anfang verlief der restliche Tag ganz gut. Bis zur Mittagspause. Melissa setzte sich zu Martin und Tien auf die Bank. Ruby und Suoo wollten sich in der Kantine etwas zu essen besorgen.

„Hab gehört, was Laser gemacht hat", sagte Martin. „Echt krank der Typ. Dafür muss er jetzt eine ganze Woche zu Hause bleiben."

„Sieht ganz so aus", nickte Melissa. „Eine Sorge weniger."

„Hmmm. Sara ist eigentlich ziemlich harmlos", sagte Martin. „Hey, deine Haare sind heute irgendwie anders. Sieht cool aus."

„Danke", sagte Melissa lächelnd. Daran hatte sie überhaupt nicht mehr gedacht. „Was macht man eigentlich, wenn man eine ganze Woche nicht in die Schule kann?", fragte Melissa.

„Keine Ahnung. Ist mir aber auch egal", sagte Tien und schälte eine Orange.

„Mir auch", sagte Martin.

„Da seid ihr ja wie immer!", rief Sara spöttisch. „Hey, Lesbe, sag bloß, du hast 'ne neue Frisur? Wenn du so weitermachst, wirst du noch wie deine Mutter enden!"

Melissa biss die Zähne zusammen und lächelte.

„Hat's dir etwa die Sprache verschlagen, Schneekette? Wo stecken eigentlich die Unschuld vom Lande und Black

Beauty? Vergnügen sich wohl gerade zusammen im Gebüsch, was?"

„Von wegen!", rief Suoo und trat zusammen mit Ruby mit ihrem Mittagessen unterm Arm zu ihnen.

„Im Gebüsch herrscht gerade tote Hose!", erklärte Suoo grinsend und setzte sich auf den Boden. „Alle haben nach dir gefragt, Sara. Ich glaube, du wirst dort dringend gebraucht. Hier bist du nämlich ziemlich überflüssig. Na los, geh schon!"

„Genau", fügte Ruby hinzu. „Alle wollten wissen, wo du bleibst, Sara. Wir haben gesagt, dass du mit Laser unterwegs bist. Also, verzieh dich, klar?"

„Ja, verzieh dich", wiederholte Melissa.

Und Sara verschwand tatsächlich.

„Na also, gegen uns ist die machtlos!", erklärte Ruby lächelnd.

Melissa erzählte ihnen von ihrer neuen Idee, Laser und Co in Zukunft einfach zu ignorieren.

„Ach was, das haben wir doch gerade prima hingekriegt", meinte Suoo. „Was ist denn das für ein komisches belegtes Brötchen. Willst du ein Stück?"

„Nein", erklärte Melissa entschieden.

„Ich will einfach nur meine Ruhe haben", sagte Martin.

„Ich auch", murmelte Tien.

„Wisst ihr", sagte Melissa nach einer Weile. „Ich hab Mr Pearce und Mrs Selby gesagt, dass ich allein mit Laser fertig würde. Da war ich noch ziemlich durcheinander."

„Aber was willst du gegen ihn machen? Jedenfalls ist er erst mal eine Woche weg."

„Ja, ich weiß. Aber irgendwie komm ich mit der Situation schon viel besser zurecht. Stimmt, das blöde Geschmiere von Laser hat mich im ersten Moment zwar umgehauen, aber dann hab ich mich ziemlich schnell von dem Schock erholt."

„Und was hast du jetzt vor?", wollte Martin wissen. „Es bringt nichts, einfach genauso gemeine Sachen zu ihm zu sagen wie er zu uns. Das passt auch gar nicht zu dir … dazu bist du einfach viel zu nett, Mel." Er errötete.

„Du meinst zu feige", erwiderte Melissa lächelnd.

„Ich überleg mir was", sagte Suoo. „Oder wir machen das, was du vorgeschlagen hast, und ignorieren diesen Typen einfach."

„Überlass das mal mir", sagte Melissa ungewohnt selbstbewusst. „Mir fällt schon noch was ein. Ich muss noch in die Bibliothek. Bis nachher!"

Die andern blickten ihr nach. „Mel hat sich

echt verändert. Das muss was mit Mrs Selby zu tun haben", vermutete Suoo.

„Als du weg warst, hat sie versucht, mich so gut es ging zu beschützen, Suoo. Vor diesen blöden Zetteln und so."

„Ich weiß. Was auch immer passiert ist, jedenfalls hat es ihr was gebracht. Ohne Laser reißt Sara die Klappe nicht so auf und Kiet hält sich in letzter Zeit sowieso zurück."

„Gott sei Dank", flüsterte Tien.

Laser kauerte zusammengesunken in einem fleckigen Wohnzimmersessel, aus dem mehrere Sprungfedern heraushingen, und spielte ein Videospiel. Seine Mutter hatte sich den besten Sessel geangelt. Sie blätterte durch eine alte Zeitschrift, als sein Vater ins Zimmer platzte. Er wusste Bescheid. Bestimmt hatte die Schule angerufen. Laser warf einen verstohlenen

Blick auf das gerötete Gesicht seines Vaters. Seine Augen blitzten.

„Denen hab ich mal ordentlich die Meinung gesagt!", brüllte Lasers Vater und holte sich ein Bier aus dem Kühlschrank.

Laser konnte sich lebhaft vorstellen, was sein Vater Mr Pearce am Telefon erzählt hatte.

„Von mir aus können die sich ihren blöden Job in den Arsch stecken. Diese verfluchte Stadt konnte ich sowieso nie ausstehen. Nächste Woche wollte ich alles zurückzahlen. Leck mich, dann zieh'n wir eben in den Norden."

Laser starrte seinen Vater ungläubig an. Seine Mutter blätterte weiter in der Zeitschrift, ohne aufzublicken.

„Genau, das mache ich. Bleibt mir wohl nix andres übrig als euch mitzuschleppen."

„Wohin denn, Dad?"

„Keine Ahnung. Hauptsache weg von hier."

Das Telefon klingelte erneut. Laser sprang auf. Diesmal war es garantiert jemand von der Schulleitung. Wegen Schulausschluss und so. Diesmal war sein Vater schneller als er. Laser ließ sich wieder in den Sessel fallen und landete auf einer Metallfeder, was ziemlich schmerzhaft war, doch er rührte sich nicht vom Fleck.

„Ach ja? Was Sie nich' sagen? Wahrscheinlich ist sie wirklich 'ne Nutte. Aha. Eine Woche, sagen Sie? Kein Problem, Alter. Mein Junge kommt sowieso nich' mehr in Ihre ver-

dammte Schule. Dort gehen nur Idioten hin. Wir zieh'n weg. Nach Norden!"

Sein Vater schleuderte den Hörer auf die Gabel.

„Laser, du Arschgeige. Genauso hohl wie deine Mutter. Macht alle Kreuze selbst. Völlig bescheuert. Kannst dich in Zukunft woanders wie ein Vollidiot benehmen. Da gehst du nie wieder hin."

Laser fühlte sich plötzlich ganz verloren. Er würde Miss Perfect nie wieder sehen. Und Martin und Tien, die man so schön schikanieren konnte. Bis auf diese Suoo, die war tödlich. Und die Neue vom Land, diese Ruby, hatte sich auch nicht so entwickelt, wie er gehofft hatte. Jetzt hatten es natürlich alle Lehrer auf ihn abgesehen. Und auf Sara. Die würde er vermissen. Sie war wie er, wie eine Schwester. Er rutschte von der Sprungfeder herunter. Was soll's, dachte er. Er würde neue Opfer finden. Aber solche wie Miss Perfect wahrscheinlich nicht. Allerdings war sie in letzter Zeit auch nicht mehr so einfach gewesen. Kam wahrscheinlich von dieser Psycho-Tante Selby oder dem schwarzen Biest. Aber da oben im

Norden warteten schon neue Opfer auf ihn. Laser warf seiner Mutter ein schiefes Grinsen zu. Sie grinste zurück, als könnte sie seine Gedanken lesen. Sie las nicht wirklich in der Zeitschrift, sondern schaute sich nur die Bilder an.

Melissa war noch einmal zu Mr Pearce gegangen … und nicht in die Bibliothek, wie sie gesagt hatte … und hatte ihn erneut gebeten, ihrer Mutter nichts zu sagen. Als er Melissas entschlossenen Blick sah, hatte er ihr versprochen, nichts zu sagen.

Melissas Mutter war in Hochstimmung, als sie ihre Tochter von der Schule abholte.

„Was ist denn mit dir los, Mum? Hast du im Lotto gewonnen oder was?"

„Fast. Stell dir vor, wir bekommen andere Uniformen! Weil sich schon drei Kunden über das Knatschgelb beschwert haben."

Melissa schüttelte ungläubig den Kopf.

Komisch wie sich plötzlich alles veränderte. Das Mobbing in der Schule hatte ungefähr gleichzeitig mit der gelben Uniform angefangen und jetzt, wo sie das Gefühl hatte, allmählich mit der Situation klarzukommen, gab es plötzlich neue Uniformen!

„Und welche Farbe?"

„Grün! Mintgrün! Nur eine Jacke zum Überziehen. Zu einer Jeans oder einem Rock. Mintgrün! Die neue Trendfarbe! Passt auch viel besser zu meinen Haaren."

Melissa fand die Vorstellung von ihrer Mutter in Mintgrün zwar nicht gerade berauschend, aber Hauptsache sie war glücklich damit.

Am Nachmittag war ihr mitten im Englischunterricht plötzlich eingefallen, was sie tun würde. Mr Pearce hatte gerade über das Schreiben von Briefen gesprochen und dass diese Kommunikationsform immer seltener wurde. Dann hatte er mehrere Vorlagen an sie verteilt: Dankesbriefe an Verwandte, Genesungswünsche an Kranke und so weiter. Und in diesem Moment hatte Melissa einen Geistesblitz. Sie würde Laser schreiben!

Zuerst hatte sie alle möglichen Varianten im Geiste entworfen und später auch auf Papier. Aber keine davon taugte etwas. Laser würde eine ganze Woche lang fehlen. Seine Adresse konnte sie aus dem Telefonbuch heraussuchen. Sie wollte den Brief noch an diesem Abend schreiben und ihn gleich morgen früh in den Briefkasten vor der Schule einwer-

fen. Sie würde keinem was davon erzählen, nicht einmal Suoo oder Mrs Selby.

Ihre Mutter schwärmte immer noch von der mintgrünen Jacke und wie gut die Farbe zu den Salaten passte.

Melissa fühlte sich merkwürdig gelassen. Kaum zu glauben, dass sie an diesem Morgen noch völlig am Boden zerstört gewesen war, als sie Lasers Gekritzel entdeckt hatte. Und jetzt ging es ihr wunderbar. Einfach perfekt. Miss Perfect, dachte sie schmunzelnd.

Nach dem Abendessen ging Melissa in ihr Zimmer, um den Brief zu schreiben.

Sie beschloss, ihn mit Computer zu schreiben. Ein handschriftlicher Brief war viel zu persönlich für einen Idioten wie Laser.

Lieber Laser,

nimm das „lieber" bloß nicht wörtlich, aber so fängt man eben nun mal einen Brief an. Seit mehreren Wochen versuchst du mir das Leben zur Hölle zu machen. Und das ist dir auch oft gelungen. Aber das ist jetzt vorbei. Meine Freunde haben versucht, den Schwachsinn über meine Mutter wegzuwischen, noch ehe ich ihn lesen konnte. Sie haben mich gern. Außerdem glaubt dir sowieso keiner, was du von dir gibst.

Ich bitte dich nicht darum, mich in Zukunft in Ruhe zu lassen. Ich wollte dir nur sagen, dass es mir nichts mehr ausmacht, wenn du versuchst, mich zu ärgern. Warum also deine und meine Zeit verschwenden?

Am liebsten würde ich dir ja raten, dir ein neues Opfer zu suchen, aber das will ich eigentlich gar nicht. Ich wünsche wirklich niemandem, so unglücklich zu sein, wie du mich oft gemacht hast.

Du musst selber ganz schön unglücklich sein, dass du es nötig hast, so was zu machen.

Melissa Walsh

Melissa las den Brief mehrmals durch. Ja, er war gut.

Am nächsten Morgen warf sie ihn ein.

Als sie ihre Bücher aus dem Schließfach holte, trat Martin zu ihr. „Hi, Mel. Hast du dir die Nägel lackiert?"

Er hatte es gemerkt! „Mmmmm", nickte sie lächelnd.

Dann erschien Laser auf der Bildfläche.

„Ich dachte, du hast eine Woche Schulausschluss ...", begann Melissa.

„Pfff! Ich hau ab. Wir ziehen woanders hin. Aber vorher leg ich noch den warmen Martin flach", sagte Laser und ging langsam auf Martin zu.

Martin ließ seine Bücher fallen und umklammerte seinen Gürtel.

„Laser! Ich sagte, hol deine Sachen und verzieh dich!", erklang Mr Pearces scharfe Stimme.

„Mr Pearce? Geht er wirklich ganz weg?", fragte Melissa.

„Ja. Ein schrecklicher Verlust für uns alle, nicht wahr? Mir tut nur die Schule Leid, die Laser Fuller aufnehmen muss. Alles okay, Martin? Was hat er da gerade zu dir gesagt?" Martin sah Melissa an.

„Er hat gesagt, er will Martin noch flachlegen", antwortete Melissa, obwohl sie gar nicht wusste, was es bedeutete.

Martin errötete. Also war klar, dass es nichts Nettes war, aber das war von Laser Fuller ja auch nicht zu erwarten. Und der Brief! Jetzt hatte sie ihn ganz umsonst geschrieben. Vielleicht aber auch nicht. Vielleicht bewirkte er ja doch etwas bei Laser.

„Hey, Melissa. Das ist das erste Mal, dass du mir gesagt hast, womit Laser Fuller euch tyrannisiert. Ist dir das klar? Du hast wirklich große Fortschritte gemacht", erklärte Mr Pearce lächelnd.

„Ich weiß. Ich hab mir sogar ein paar Sachen überlegt, die ich zu ihm sagen wollte, wenn er mich noch einmal dumm anquatscht."

„Na, dann wollen wir mal hoffen, dass du diese Sachen in Zukunft zu niemandem sagen musst", sagte Mr Pearce und blickte Laser nach, der langsam davonschlenderte.

„Was hast du dir denn überlegt?", wollte Martin wissen, als Mr Pearce gegangen war, um zu überprüfen, ob Laser das Schulgelände auch tatsächlich verlassen hatte.

„Ach, nichts Besonderes. Sachen wie ‚Hey, mit deinem Gesicht könntest du bestimmt eine Karriere beim Radio machen' und so. Egal, jetzt ist er ja weg."

Martin seufzte. „Hmmm. Ein Idiot weniger. Und sogar noch der Schlimmste von allen. Sara mit ihren blöden Zetteln ist zwar auch noch ziemlich nervig, aber allmählich fällt ihr nichts Neues mehr ein. Ist dir das schon aufgefallen?"

„Stimmt. Los, komm. Sonst kommen wir noch zu spät in den Unterricht."

„Hey, Miss Perfect!", rief Sara Thomas von irgendwoher. „Wie geht's deinem schwulen Freund?"

„Fantastisch!", hörte sich Melissa antworten. „Könnte ihm nicht besser gehen. Hast du schon gehört, dass Laser Fuller weg ist? Für immer! Martin, warte auf mich!"

Und dann liefen sie lachend den Flur entlang, ohne sich noch einmal umzudrehen.

Lies mich ...

Leseprobe aus dem
Ravensburger Taschenbuch 52247
„Champions für einen Tag“
von Bernhard Hagemann

Das Gewicht zerrt an meinem Rücken.
Verfluchte Schwerkraft. Sicher die Fünf
in der Mathearbeit, die wie Blei
in der Schultasche liegt.
Die Sonne scheint und mir ist heiß.
Ich gehe die Abkürzung durch den Wald
nach Hause. Obwohl ich sie meiden sollte.
Der Wald ist nicht die sicherste Gegend.
Er liegt zwischen zwei Wohngebieten.
Auf der einen Seite ist die Siedlung
mit den Einfamilienhäusern, wo ich wohne.
Auf der anderen Seite grenzt der Wald
an die St. Georgstraße. Unsere Bronx.
Schmucklose Wohnhäuser mit
billigen Wohnungen
für kinderreiche Familien.
Viele Arbeitslose, Ausländer,
Familien mit wenig Geld.

Die, die hier wohnen, nennen wir anderen
die „Schorschies“.
Zu verlockend ist die Möglichkeit
zehn Minuten meines Schulweges zu sparen.
Zu verlockend der kühle Schatten der Bäume.
Aber Pech gehabt.
Strohmüller lehnt an einem der Bäume
und schenkt mir einen giftigen Blick.
„Na Blödmann. Was schaust'n so blöd!
Blödmann!“
„Scheinst mit deinem Spiegel zu sprechen!“
Diese Frechheit ist ein Fehler.
Strohmüller fällt mich mit der Aggressivität
eines gereizten Kampfhundes an.
Sein Fußtritt trifft mich schmerzhaft
in der Kniekehle. Ein kurzes Gerangel.
Meine Schultasche fliegt zu Boden. Meine Arme
sind mit einer ungeschickten Abwehr beschäftigt.
Strohmüllers Schläge treffen mich ins Gesicht.
Sekunden später sitzt er auf meiner Brust.
Ich spüre die Wurzeln der Bäume im Rücken
und mir schmerzen die Oberarme,
die Strohmüller mit seinen Knien bearbeitet.

Wehrlos liege ich unter ihm.
Er traktiert mein Gesicht
mit einem abgebrochenen Tannenzweig.
Die Nadeln pieksen mich in die Augenlider,
in die Ohren, in die Lippen.
Aber es ist nicht weiter schlimm.
Strohmüller belässt es bei der Erniedrigung.
„Dich Arschgesicht will ich hier nicht mehr
sehen. Ist das klar?! Arschgesicht?"
Ich schweige.
„Ist das klar?! Arschgesicht!"
Dann noch eine Ohrfeige.
„Ist das klar?! Arschgesicht!"
„Ja. Es ist klar!", sage ich gedehnt und
erschrecke vor dem Zittern in meiner Stimme.
Strohmüller lässt von mir ab und verschwindet
Richtung St. Georgstraße.
Ich sehe ihm hinterher.
Er ist nicht größer als ich und nicht kräftiger.
Aber er ist ein Schorschie. Geballte Aggression.
Er verschwindet in einem der Gärten,
die an den Wald grenzen. Ich sehe
ein paar Typen gelangweilt am Zaun stehen.

Ein paar von ihnen schauen zu mir rüber
und lachen. Aber sie sind zu weit weg,
um die Tränen zu sehen,
die meinen Blick verwässern.

Zu Hause geht der Ärger weiter.
Der Dreck auf meiner Hose
entgeht meiner Mutter nicht.
„Fängst du jetzt an,
dich nach der Schule zu prügeln?"
Dann muss ich noch die Fünf
in der Mathearbeit beichten,
unter die ich ihre Unterschrift brauche.
„Ach Oliver!", stöhnt sie. „Wie das denn?
Du bist doch sonst so gut in Mathematik.
Was soll ich denn davon halten?
Prügelst dich mit anderen und kommst
mit schlechten Noten nach Hause!
Wie soll das denn weitergehen?"
Ihre Enttäuschung
steht ihr ins Gesicht geschrieben.
Tut mir ja Leid,
aber ich kann es jetzt auch nicht ändern.

Hab ja selber keine Ahnung,
wie das weitergehen soll.

Am Nachmittag bin ich mit Stefan
im Jugendzentrum verabredet.
Heute sollen die Kicker kommen.
Tischfußballspiele,
die woanders ausrangiert wurden und
mit denen wir umsonst spielen dürfen.
Im Eingang stehen ein paar Ältere und rauchen.
Im Flur höre ich Geräusche, die hier neu sind.
Sofort weiß ich, worum es geht.
Ich folge dem Klacken, Ziehen und Hämmern
den Gang entlang. Hinten
neben dem Billardzimmer stehen die Kicker.
Zwei Tische, beide besetzt. Über sie gebeugt
mit leuchtenden Gesichtern die Spieler.
Ein paar Gesichter erkenne ich als Schorschies.
Laut geht es hier zu.
Es wird geflucht und gebrüllt.
Ich stelle mich an einen Tisch,
an dem sie ein Doppel spielen.
Je zwei Spieler auf einer Seite.

Einer bewegt den Tormann
und die Verteidigungslinie,
der andere Mittelfeld und Sturm.
Blitzschnell
wird der Ball hin- und hergespielt.
Ich habe Schwierigkeiten ihm zu folgen.
Ich sehe gleich, dass die Schorschies
die Besseren an den Kickern sind.
Sie haben eine Geschicklichkeit,
die den anderen fehlt.
Der Ball gehorcht ihren Figuren.
Er landet ein ums andere Mal
im Tor der Gegner,
das ihn gierig verschluckt,
als wäre es seine längst fällige Leibspeise.
Außerdem geht von den Schorschies
auch am Kicker eine Bedrohung aus,
die andere von vornherein einschüchtert.
„Hi!"
Stefan steht neben mir.
„Hi!"
„Geil! Die Kicker!"
Seine Augen leuchten.

„Ja!“, sage ich.
Dann ist einer der Kicker frei.
Die Schorschies haben gewonnen
und lassen von den Figuren ab.
Sie stecken sich Zigaretten
in ihre sieggewohnten Gesichter
und lärmen nach draußen.

Stefan und ich stehen uns gegenüber.
Der Kicker zwischen uns. Ich blau, er rot.
Auf meiner Seite ist das Fach mit den Bällen.
Ich greife hinein, hole den Ball
und werfe ihn ein.
Stefan dreht wie wild an seinem Mittelfeld.
„Hey! Nicht kurbeln!“, rufe ich.
Der Ball landet bei mir.
Stefan kurbelt nicht mehr
und kassiert das erste Tor.
Ich probiere ein paar der Tricks aus,
die ich bei den Schorschies gesehen habe.
Mein Mittelstürmer tänzelt mit dem Ball
hin und her. Giovanni Elber.
Zwei zu null.

„Scheiße!“, flucht Stefan.
Ich vertiefe mich ins Spiel,
konzentriere mich.
Ich nehme sonst nichts mehr war,
werde immer besser.
Je besser ich werde
umso schlechter wird Stefan.
Mich überrascht es nicht.
Es ist typisch für mich.
Meine sinnlosen Talente. Nebentalente.
In Mathe eine Fünf,
aber an so einem Kickertisch Stefan gleich
um Längen voraus. Kicker, Flipper, Billard.
Diese Geräte sind mir immer gleich vertraut.
Da kämpfe ich von Anfang an
in einer anderen Liga als Stefan.
Plötzlich ist um die Kicker herum
wieder viel los.
Wir haben Publikum und werden
von zwei Schorschies herausgefordert …